刻意练习·自我成长书系

致 读 者

正式阅读本书前请扫码登录
本书专属的读者交流小程序
助你坚持练习、实现自我成长!

扫 码 登 录

这个小程序可以用于**打卡并记录**你的练习过程,
如果你在练习中遇到以下情景,也可以在小程序里**发帖交流**:

1. 遇到任何疑问,想和正在做相同练习的朋友探讨;
2. 想到任何建议和练习小技巧,想分享给同伴帮助他们更好地练习;
3. 发现任何感悟、收获和成长,想将这份喜悦分享给同伴,收到他们的鼓励;
·············

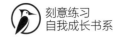

刻意练习
自我成长书系

伴侣沟通的
30项亲密练习

Love More, Fight Less

Communication Skills
Every Couple Needs

Gina Senarighi

[美] 吉娜·塞纳里吉 _____ 著 刘可澄 _____ 译

机械工业出版社
CHINA MACHINE PRESS

图书在版编目（CIP）数据

伴侣沟通的 30 项亲密练习 /（美）吉娜·塞纳里吉（Gina Senarighi）著；刘可澄译 . —北京：机械工业出版社，2023.9

（刻意练习 . 自我成长书系）

书名原文：Love More, Fight Less: Communication Skills Every Couple Needs

ISBN 978-7-111-73677-6

Ⅰ.①伴…　Ⅱ.①吉…②刘…　Ⅲ.①婚姻 – 家庭关系 – 通俗读物　Ⅳ.① C913.13-49

中国国家版本馆 CIP 数据核字（2023）第 187280 号

机械工业出版社（北京市百万庄大街22号　邮政编码100037）
策划编辑：朱婧婉　　　　　　　　　责任编辑：朱婧婉
责任校对：丁梦卓　刘雅娜　陈立辉　责任印制：单爱军
北京联兴盛业印刷股份有限公司印刷
2023 年 12 月第 1 版第 1 次印刷
170mm × 220mm · 15.75印张 · 2插页 · 156千字
标准书号：ISBN 978-7-111-73677-6
定价：79.00元

电话服务　　　　　　　　　　网络服务
客服电话：010-88361066　　机　工　官　网：www.cmpbook.com
　　　　　010-88379833　　机　工　官　博：weibo.com/cmp1952
　　　　　010-68326294　　金　书　网：www.golden-book.com
封底无防伪标均为盗版　机工教育服务网：www.cmpedu.com

为什么你需要这套
"刻意练习·自我成长书系"

人工智能时代，我们越发需要通过刻意练习来升级自身的技能和能力。

无论是学习"硬技能"，如学英语、学开车、学财会、学设计，
还是提升"软能力"，如沟通能力、情绪调节能力、自我管理能力，
当你想要在某个领域内有所提升，却不知道该如何着手时，
或许报名一个正式课程或者寻找一位资深老师是很好的选择，
因为两者都会提供一套循序渐进的体系以及手把手的指导和反馈。

但是，如果你不想承担课程费用、没时间上课，或者更喜欢自己探索，

那么这套"刻意练习·自我成长书系"就是为你准备的！
这套图书精选各类个人成长主题，形成专项练习手册，
让你在家中就可以实现自我成长和提升！

每本书的作者都是相关领域的资深助人专家，如心理咨询师、社会工作者、教练等。
这些书就是他们为你精心开发的系统课程，提供了种类丰富的结构化练习项目。
所有练习的原理均源自科学研究，已被证明其有效性。

就个人成长与发展而言，这些练习手册是绝佳工具。

手册中的每个练习都有详细讲解，包括练习的目的、准备工作、注意事项、范例等。

每本手册都像一位贴心的老师，手把手带着你练习，让你一步步成为更好的自己。

运用手册中的工具及资源，你能立刻将所读所学转化为行动，做出改变。

这些练习手册使用起来非常灵活，

你既可以有针对性地开展部分练习，以解决眼前急迫的问题，

也可以在一段时间内循序做完全部练习，以系统性地提升某项能力。

最后，你可能会担心图书无法提供即时的指导和反馈。

好消息是，关于学习的科学研究给出这样的结论：

找到学习共同体，向同伴学习，与同伴一起进步，是最有效的学习方法之一。

因此，我们为这套书开发了同伴交流小程序——"刻意练习实验室"。

你会遇到一群有共同目标、做过或者正在做相同练习的朋友，

大家可以在小程序里分享练习感受、彼此激励，一同向着更好的自己迈进。

现在，请继续探索这本书，开始你的刻意练习与自我成长之旅吧！

目录

引　言
沟通是一切关系的基础

第一部分
有效的沟通技巧

第 1 章
自我意识

第 2 章
谈　话

第 3 章

倾　听

第 4 章

承担责任及修复关系

第 5 章

信任与亲密感

第 6 章

健康的边界

第二部分

亲密关系中的问题

第 7 章

亲密时刻

第 8 章

事　业

第 9 章

财务状况

第 10 章

家　庭

第 11 章

共同的家

第 12 章

朋友及其他人

沟通是一切关系的基础

无论在客厅里、餐厅包间、车内还是短信对话中，全世界的伴侣每天都在尝试讨论难以沟通的话题，同时也在避免触碰此类话题。这些话题涵盖了亲密关系的方方面面，从婚礼到度假计划，从指责到道歉，或复杂，或微妙。伴侣就此类话题展开讨论时，便有机会进行沟通，但也可能因沟通不畅而产生误解。

我是一名伴侣关系心理咨询师，也是一名教练。10 年来，我一直在为世界各地的伴侣提供帮助。除了为来访者提供一对一服务外，我还举办过伴侣静修营及沟通技巧研讨会。伴侣间的各种问题，我都见识过了。我的来访者的烦恼多种多样，有的因为家务而吵得不可开交，有的因太过守时（或总是迟到）而差点离婚。博士毕业后，我发现伴侣闹矛盾时，有几个主题是反复显现的。我还发现，即使是沟通技巧娴熟的人，当处于亲密关系中时，也有难以解决的矛盾。

个中症结在于，大部分人没有机会学习怎么以健康的方式解决冲突。我们的人生楷模并未教会我们如何处理怨恨与误解，以及如何担起责任。童年的经历使我们养成了一套默认沟通模式，并将其延续至成年时期。对于大多数人而言，这套默认沟通模式都有待调整之处。

改进默认沟通模式，学习新的沟通技巧，这其实非常有意思。我教会了数千对伴侣如何在剑拔弩张的氛围里，依然充满爱意地进行有效沟通。

来访者来到静修营时，他们的关系中往往已堆积了大量的隔阂、拒绝与误解，两人已失去了彼此。大多数伴侣会为了看似微不足道的事情而争吵多年。他们早已筋疲力尽，甚至不再抱有希望。他们会问我："真的能改变吗？如果我们就是在某些方面完全不一样呢？如果我们就是这样的人呢？"我会告诉他们："改变是完全可能的。"事实也确是如此，只要他们愿意放松下来，学习简单的沟通技巧，并以新的方式携手共进。

我帮助伴侣习得新的沟通技巧，令他们能够自省，为自己的行为负责，并治愈过往的伤痛。扫除了情绪碎片后，伴侣对彼此的信任将得到强化，在相处时更有边界感，亦更有同理心。他们将以这样的状态携手向前。运用新的技巧处理矛盾时，他们会感到更加自在，并以更自信的态度管理情绪反应，不再退缩、逃避或大肆宣泄。

本书提供了简单的工具，可以用来调整自身的默认沟通模式，从而加深对伴侣的理解，建设有意义的亲密关系。无论你是已婚、在谈恋爱，甚至是处于"复杂"的关系中，我所教授的沟通技巧都是适用的。每一对伴侣都需要健康的沟通技巧，才能让关系长久。有大量研究显示，我们拥有一套相同的默认沟通模式。正因如此，我教授的技巧才得以派上用场。

从本质上来说，伴侣爱得越深，发生冲突的次数便越少，冲突所带来的伤害也会减轻许多。

看到伴侣们能够自信地面对冲突，从相互怨恨变为心怀暖意、身心放松地交流，没有什么比这更有意义的了。即使在气氛微妙的时刻，他们也能态度谦和，流露出温柔的幽默感。他们的肩膀舒展了，脸上重新绽开了笑容。他们知道，"再也不起冲突"不是答案；答案是，有技巧地运用沟通练习，快速地度过分歧及误解阶段。他们把冲突视作一次机会，一次带着敬爱之心、加固彼此间纽带的机会。

伴侣为什么会争吵

我的来访者中，有超过90%的人都表示希望克服沟通问题。他们要么讨厌与伴侣争吵的方式，要么不知道如何健康地争吵。于是，遇到微妙话题时，他们会选择回避，直到情绪爆发。而这往往无助于解决问题，只会使怨恨积聚，徒增矛盾与分歧。此时的伴侣们已找不到出路。这听起来熟悉吗？我总和来访者说，沟通会摧毁一段完美关系。

我问来访者，他们多长时间与伴侣沟通一次。大部分人都认为，他们仅需一秒钟，就能联系上伴侣。他们可以不断地发短信、发邮件、发消息。在今天这个社会，人与人之间的联系即时又频繁，但人际关系也遭到了前所未有的强力侵蚀。为什么？在如此高强度的联系下，令人误解的语气及内容便有机可乘，人们因沟通而受伤的概率也有所增加。

另外，现代人时间紧迫，伴侣很容易会成为两艘夜行的船，擦肩而过，再无交集。大部分人极难腾出时间与对方建立起自己想要的关系，更不用说解决冲突了。他们也知道，解决冲突是需要倾注注意力的。我服务的大部分伴侣，每周与对方全身心在一起的时间不超过一小时。

过多的沟通与过少的沟通都会摧毁一段关系。幸好我们有良方在手。使用本书中的工具，你将能扭转沟通模式，把有效的沟通技巧运用在最具意义的关系之中。

全情投入

如果你和伴侣一起练习，应先快速检查一下双方的身体及心理状态。饿吗？累吗？如果饿了或累了，请先满足这些基本需求。如有需要，可约定稍晚时间再进行练习。

争吵与无效沟通

有来访者说想专注于改善沟通模式。其实，他们真正想要的是减少争吵。冲突如果处理不当，会带来不少困扰。然而在一段关系中，冲突是天然存在的，不可避免。

解决问题的诀窍在于，学习如何在冲突中谨慎地寻找出路。大部分争吵毫无意义，而且会对亲密关系造成真正的伤害。在本书中，我们将把重点放在冲突管理上，使你与伴侣更加亲近，避免你们之间的分歧因冲突而加深。

举一个来访者的例子。马特和凯茜第一次走进我的咨询室时，说他们"有沟通问题"，可他们看起来沟通得还不错。深入了解后，我发现了问题所在。马特从小与父母关系疏远，养成了回避自己需求的习惯。他要么"无视"自己的需求，要么采取消极攻击⊖的策略。在马特采取消极攻击的情况下，凯茜往往无法领会马特的意思，或会产生误解。马特很沮丧，而凯茜觉得自己始终无法令伴侣满意。

基思和萨曼莎找到我时，他们已打算为两人的关系画上句号。尤其是萨曼莎，她已无计可施。萨曼莎告诉我，她工作时能斡旋国际争端，可当与伴侣起了冲突时，她却处理得无比糟糕。对此，她自己也难以置信。"在工作上，我能娴熟运用沟通技巧。但一面对基思，我就

⊖　以消极的方式发泄不满，如故意作对、闷闷不乐等。——译者注

控制不住自己了。"萨曼莎说。大部分人会在工作中展现出最佳沟通能力，在家中却无从施展。

还有一对伴侣，萨沙和戴顿，他们在一起已经 18 年了。他们在咨询室里告诉我："我们的生活很美好。但在性爱方面，我们实在不知道该怎么办了。每次说到这个话题，就会大哭大闹。"和大多数伴侣一样，他们能解决生活中的大部分难题，但总有那么一个话题，是他们闭口不谈的。

在亲密关系中，因沟通不畅而发生冲突，这尤为令人无所适从。大部分人所经历的冲突场面往往是针尖对麦芒，乱作一团，而对手还是自己最在乎的人。好消息是，我们需要的仅仅是更好的沟通技巧。使用本书中的技巧，加上简单的思考，你就能扭转亲密关系中的冲突模式。

如何使用本书

就个人成长与发展而言，本书是绝佳工具。读者借助本书，能立刻将所读所学转化为行动，做出改变。运用书中的工具及资源，跟随其中的引导进行思考，你将掌握有效的沟通方法，提升人际沟通能力。

你可以独自阅读本书，和伴侣一起阅读更为理想。书中的练习旨在令你与伴侣变得更加亲近，加深对彼此的理解，以推动关系向前。即使是与伴侣发生冲突次数较少的读者，也能从中获益。毕竟，伴侣是生活中最重要的人，而这些练习能够增进你们的关系。

本书分为两部分。第一部分列出了优化沟通技巧时需关注的六大关键领域，配有可与伴侣共同完成的、简单明确的练习活动，帮助你认清自身沟通技巧还有哪些提升空间。

第二部分描绘了现实生活中的真实场景。这些事件往往是伴侣间冲突的导火索，或许能引起你的共鸣。我服务过各式各样的伴侣，而这些事件是我反复遇见的，也可能会发生在你的生活中。我们将使用在第一部分学习的沟通技巧，来解决第二部分的问题。

设定预期，以及一些成功小贴士

开始阅读前，我有六个重要的小贴士与你分享。阅读过程中，请将它们牢记于心。

投入

伴侣双方都投入学习中，书中的练习才有效果。练习时，需确保你与伴侣均有充足的思考时间。说出答案前，请先思考一下，你们是否处于最佳状态，能否尽可能富有同理心地与对方沟通。比如，在匆忙的通勤或一天紧张的工作后，你也知道自己很可能并不处于最佳状态。

呼吸

阅读本书时，无须着急，改变往往是缓慢的。逼迫自己阅读下去，不会为亲密关系带来更多可持续的改变，反而会弄巧成拙。

做长期准备

调整惯有的沟通模式是一个长期的提升过程。记住，不要在时间上设限。这是一本练习手册，可以随时停下来，消化每一章节的信息，然后再继续阅读。

练习，练习，练习

如果你们读完本书就能立刻彻底地改变沟通模式，那当然很好。但现实是，不练习是无法收获改变的。下定决心，定期进行练习。

耐心，耐心，耐心

使用新技巧时遇到挫折，不要灰心。给予自己和伴侣尽量多的耐心，尽可能地持续使用书中的技巧。一段时间后，你会发现自己的沟通模式发生了巨大变化。

甩掉限制性想法

学习新事物时，有三种常见的限制性想法会成为我们成长道路上的阻碍。要想改变自身，首先必须直面它们。我在这里提个醒，以防你在增进与伴侣的关系时会产生这几种想法。

- **"我早就知道了。"** 确实，我们所学的部分知识，你或许在过去已经听过。但显然，我们很少会花时间去有意识地将已知的亲密关系知识应用到生活中。如果保持初学者的开放心态及好奇心，你便能把所学知识运用到实践里；并在这又一次的学习中，获得更深层次的感悟。不要说"我早就知道了"，问问自己"我从中还能学到什么"。尝试以新的角度或心态去看待同样的信息。

- **"各种方法我们都试过了。"** 类似的限制性想法还有"我已经用过这个方法了"，以及"这对我没用"。不要这么想。记住，要保持初学者的开放心态及好奇心。问问自己："这对我有哪些用处？"就算以前尝试过类似方法，但现在的你已不再是过去的你，你朝幸福迈进的能力或许也已不同。无论如何，挑战自己，再试一试吧。

- **"怎么可能这么简单。"** 在练习过程中，我的来访者会产生的另一个限制性想法就是"这太简单了"。书中的沟通技巧难度不大，以至于许多伴侣在使用它们时有些漫不经心。这个现象很奇怪，却真实存在。如果你认为这些技巧太简单，不会带来实质性的改变，那就大错特错了。伴侣们往往会在最细小的时刻建立起有意义的联结。如果忽略了这些建立联结、增进理解的小小机会，长久下去，亲密关系将腐坏变质。本书提供了许多小技巧。运用这些技巧，亲密关系将发生切实的改变。不要被技巧的难易程度蒙蔽双眼。下定决心，全情投入，完成练习，你将厘清问题，豁然开朗。

有效的沟通技巧

第一部分

第一部分共有六章，每章提供五个沟通技巧，供你自行练习，也可与伴侣一起练习。首先，我们将帮助你建立"自我意识"，提高与自己的对话能力，为和伴侣更好地沟通打下基础。

其次，你将了解在谈话及倾听时最常发生的问题，以及解决冲突、修补伤痕、重归于好的最好方法。本书将增强你和伴侣间的信任及亲密感，让你们拥有充满激情、更为长久的关系。在这一部分最后一章中，本书将带领你探索什么是健康的边界。

这些技巧非一朝一夕就能掌握。学习任何新知识都是如此，需要持续练习。开始练习前，检查一下自己的生理状态及心理状态。如果累了、渴了或饿了，请先满足此类需求。腾出完整的时段，不受干扰地进行练习。把手机和平板电脑都收起来，创造出专属于你们彼此的时间。

最后，不要着急。给予自己充分空间，尝试新鲜的、不同的伴侣相处模式。

第 1 章

自我意识

我们和自己的关系是其他一切关系的基础。在改善和他人的关系前，你可以先通过这一章更好地理解自身的默认模式，更好地管理强烈的情绪，打破在人际关系里持续复现的沟通模式。

技巧 **1**

认识自身的默认模式

目 标

✿ 了解在人生早期阶
  段，你对亲密关系有
  哪些认知，以及谁是
  你在这方面的老师。

✿ 更好地理解自身的默
  认预期、行为模式及
  反应模式。

✿ 有意识地去选择需要
  改善的模式。

从家人、身边的人以及人生早期亲密伴侣的身上，我们会收集成千上万的细小信息，从而了解在亲密关系中应该如何表现，而这个过程是潜移默化的。随着年龄增长，我们的人生榜样及初恋给我们上了宝贵的一课，教会我们如何设立边界，表达尊重，确立关系，爱护对方。

这些知识构成了我们自身的默认模式及预期。我们会因此形成某些强项，发展出亲密关系中的反应模式。这些反应模式通常会伴随我们许多年，而我们浑然不觉。

有的默认模式运转良好，有的却会拖我们的后腿。好消息是，这些模式无法限制我们。跟随本书引导，配以练习，你将学习新的技能，最终改善亲密关系。

练习

设定时间，回答下列问题。计时五分钟，不要修改答案，不要停下，直到计时结束。回答每个问题时，都重复上述步骤。

写完后，回头看看自己的答案，挑选出你觉得能和伴侣分享的两三句话或一段话。花些时间，分享各自的答案。完成第2章和第3章的练习后，再和伴侣分享答案，效果更佳。

家庭

在设定边界、解决冲突方面，我的家人教会了我什么？	

在表达愤怒及消极情绪
方面，我的家人教会了
我什么？

在道歉、原谅方面，我
的家人教会了我什么？

人生早期经历

在设定边界、解决冲突
方面，我的人生早期关
系，尤其是朋友，教会
了我什么？

人生早期与原谅、关系
修复相关的经历，对我
如今在亲密关系中的表
现有哪些影响？

人生早期与愤怒、消极
情绪相关的经历，对我
如今面对冲突时的反应
有哪些影响？

年少时的爱情经历

在原谅、关系修复方面，年少时的爱情经历教会了我什么？	
在设定边界、解决冲突方面，年少时的爱情经历教会了我什么？	

社会

在我成长的地方，与设定边界、解决冲突相关的社会规范有哪些？它们对我有何益处，或为我的生活带来了哪些挑战？

沟通说明

花些时间与伴侣分享你的所学所感。你们各自的默认模式哪些适配得不错，哪些需要调整？

技巧 **2**

识别情绪反应

目 标

❀ 情绪波动时，身体也
会产生反应。学习留
意这些身体反应。

❀ 练习和情绪反应建立
联结。

❀ 情绪波动时，学会让
情绪慢下来。

　　问题难以解决时，每个人都会产生情
绪反应，感到愤怒、恐惧，或觉得受伤。
我们可能会大肆宣泄，也可能会开启防御
机制，缄口不言。这样的消极情绪往往会
伤害我们自己，也会伤害伴侣。

　　要想改变情绪反应对我们生活的影响，
首先要知道情绪会在什么时候到来，所以
第一步就是追寻情绪的根源。

　　处理强烈的情绪反应时，这第一步可以说
是最重要的一步，也是最难的一步。你需要敞
开心扉，诚实地评估自己；即使正陷于不愉快
的情绪之中，也要愿意去探索这些消极情绪。

　　对于大多数人来说，早在大脑意识到情绪
来临之前，身体便已有所感知。情绪波动时，身
体也会产生反应。让我们先来认识一下这些身
体反应。如果你能意识到消极情绪来临，就能
及时打断它们，防止情绪进一步地占领心智。

练习

回想你目前正在经历或最近经历的一次情绪反应。把当时的情境及关键人物画在下方空白处。

情绪波动时，你的身体有哪些反应？把它们标注出来。会觉得热或冷吗？会有一些部位发麻吗？有没有什么地方感觉紧张或刺痛？有没有哪里会出汗、变得黏糊糊的？

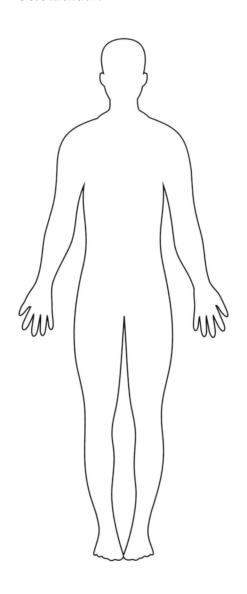

消极情绪来临时，我们的身体往往能最先感知并发出信号，比大脑要早得多。留意身体反应，就能以更好的方式做出回应，并选择合适的处理方法，以免做出让自己后悔的事情。

情绪波动时，我的身体会……

沟通说明

在什么时候、什么地方，你最容易注意到身体反应？找到合适的时间与地点，观察自己的身体反应，每天练习一次。

技巧 **3**

学习打断情绪反应

目　标

◈ 练习自我安抚的技巧。

◈ 情绪激动时，懂得运
用这些技巧。

　　了解了当情绪产生波动时，身体会有哪些反应，我们就能放缓情绪，以不同的方式处理它们。自我安抚的技巧十分简单，我们在儿时便已习得，好让自己在情绪激动时平静下来。

　　但随着年龄增长，大部分人在感到嫉妒、缺乏安全感、愤怒以及心存戒备时，却不再有意识地练习这些技巧。

　　情绪波动时，我们很容易依赖伴侣，从他们身上索取情绪支持。如果伴侣能为我们提供积极情绪，散发温暖善意，那当然很好。但是，我们也需要有能力为自己提供情绪支持，这很重要。否则，我们会让伴侣承担过多压力，并将除伴侣以外的其他支持隔绝在生活之外。但我们需要这些支持，才能拥有健康充实的生活。

自我安抚技巧

自我安抚有许多方法。先离开使你焦虑的事物。比如转身离开，或走出房间，防止情绪失控，避免回到旧有的反应模式。然后，使用以下任一技巧，帮助身体与心灵回归正常状态。试着找出最适合自己的技巧。

正念呼吸

无论面对什么危机，我们的第一反应都应该是正念呼吸。正念呼吸就像出现在事故现场的急救医生，能带领我们渡过眼下难关，将我们送入更安全的场所（就像急救医生把患者送入医院一样），以便更好地处理问题。

正念呼吸没有特定方法。可尝试多种方法，找到你觉得舒服、放松的呼吸方式。比较流行的正念呼吸法步骤如下：

1. 闭上双眼，正常呼吸。
2. 把所有焦虑、恐惧及压力想象成一团有毒云雾，飘浮在你的身边。
3. 在脑海中想象着这团焦虑云，把它吸入体内。
4. 就像植物能吸收二氧化碳一样，你的身体也能把毒素代谢干净，呼出纯净清新的空气。
5. 重复上述步骤，把周围的焦虑"清理"干净。睁开双眼，来到一个安宁无毒的环境中。

到户外走一走

有时即使回到家里，你依然会感到焦虑，无法放松。这个时候，你就需要到户外走一走。漫步在大自然里，我们能彻底放松心情，快速缓解焦虑情绪。研究显示，大自然能立刻安抚你的情绪，改善你的心理状态。此外，脑成像技术表明，到户外走一走，能够减少大脑产生焦虑及消极情绪部位的血流量。

所以，如果你觉得自己陷入了焦虑之中，情绪紧张，那就穿上运动鞋，到户外走一走吧！

细细想象，身临其境

腾出时间，安静地、细致地设想一个美好场景。想象一下，没有嫉妒、争吵、焦虑的生活会是什么样子？那里会有谁？那里会发生什么？在那里，你会听到什么，看到什么，闻到什么，尝到什么？身体感觉怎么样？

给予自己充分的空间，尽情体会美好的未来。想象得越清晰，效果越好。

写日记

大量研究表明，写日记能有效促进健康，提高幸福感，减轻压力。写日记不仅简单，而且很有意思。写日记时，你将重新审视焦虑情绪，从而缓解压力。如果你不对焦虑情绪加以控制，压力会变得越来越大，并让你产生反刍式思维⊖。只要你对焦虑情绪稍加审视，就能将导致压力的部分原因最小化。养成写日记的习惯，可以是日记，也可以是周记。感受到巨大压力时再记录，也是可以的。

动动手

有的时候，你只需动手做一些事情，就能释放所有焦虑，安抚情绪。因为动手做事时，注意力不再集中在慌乱的念头上。重复性的简单事务能转移注意力，让我们不再陷于消极情绪的恶性循环中。

可以试试以下活动：

- 编织小物件
- 为曼陀罗图案或其他图案填色
- 玩指尖陀螺
- 弹奏乐器
- 切菜，准备食材

准备一个减压盒

找一个你特别喜欢的盒子，随便拿一个旧鞋盒也可以。把减压物品放进去，把盒子放在家里、车里或办公室里。有的人也会制作能装进包里的减压盒，方便随身携带。

以下是一些不错的减压物品：

⊖ 经历负面事件后，个体对事件本身及其可能的原因和后果进行反复思考。——译者注

- 芳香精油
- 令你心情放松的照片（拍立得照片就特别合适）
- 最喜欢的书
- 美术用品
- 陀螺玩具或橡皮泥
- 线香或蜡烛

自我关怀

对自己好一点。即使犯了错误，也要善待自己。承认错误，但不要过度放大错误（把一个简单的错误放大为性格缺陷，或以为大家都在针对你），也不要把事情灾难化（夸大事件，或设想最坏结果）。记住，你在学习，也在成长。你比你想象的更有复原能力。你会渡过这个难关的。

激励自己，给予自己力量。可以对自己说：

- 我比自己想象的更强大。
- 我在学习，我能做得更好。
- 我不会被情绪控制。
- 这是暂时的，一切都会过去的。
- 我可以处理这件事情。
- 我会诚实做人。

练习

情绪激动时，你会使用哪几种技巧？把它们记录下来。

情绪激动时，我会使用的三种自我安抚技巧：	
当我需要时间安抚自己时，伴侣可以使用这三种技巧来支持我：	

沟通说明

　　本周花些时间，试一试这些自我安抚技巧，并和伴侣讨论。问问彼此，当一方练习这些技巧时，另一方可以做些什么，来更好地支持对方。

技巧 **4**

停止扭曲的想法

目　标

- 认识自身扭曲的思维模式。
- 提升改变扭曲想法的能力。

　　认知扭曲指不理智的想法，这些想法会影响你的感受。每个人都有不同程度的认知扭曲，这是人类思维中的正常部分。但如果认知扭曲变得过于僵化、极端，或发生得过于频繁，就会对人造成伤害。

　　灾难化思维是一种常见的认知扭曲。具有灾难化思维的人会夸大问题的严重性，或认为最坏的结果将要发生。

　　学会质疑自己的想法，就能修正许多扭曲的认知。

认知扭曲的类型

以下是一些常见的认知扭曲。

读心

认为自己知道别人在想些什么，即使没有证据。"他觉得我是个傻子""我肯定入选不了球队的"。

预测未来

认为自己可以预测未来，觉得情况会变得越来越糟糕，或者未来会发生危险。"如果我去了，大家都会嘲笑我的""如果我开口说话，我一定会说出违心的话，把事情搞砸"。

灾难化思维

认为未来会发生非常糟糕的事情，是自己承受不了的。"如果我失败了，那就太可怕了""如果我这次考砸了，就永远也上不了好大学了"。

贴标签

给自己和他人贴上负面标签。"我真恶心""他好差劲""她可有可无"。

否定正面思考

认为自己和他人所取得的积极成果都不重要。"这是我应该做的，没什么大不了的""这事办成了，小菜一碟而已，不重要"。

心理过滤

只着眼于负面因素，极少关注正面因素。"新闻上尽是些糟心事""女孩子从来不会说好听的话"。

以偏概全

以单一事件推论负面结果。比如在一次糟糕的约会后，出现"我总是失败""我是最差劲的伴侣，没有人会爱我""在网上找另一半，永远成不了"等想法。

非黑即白

以非此即彼、非黑即白的思维评价他人或事件。"这完全就是浪费时间""所有人都拒绝我""没有一件事情是顺心的"。

"应该"陈述

以"应该如何"的思维去理解事件，而不关注事件本身。"我应该做好的。如果没做好，我就太失败了"。

归己化

发生负面事件时，把绝大部分过错揽到自己身上，却没能意识到部分错误是其他人造成的。"我俩分开了，因为我不够有趣""我们小组拿了低分，都是我的错"。

怪罪他人

将他人视作自身消极情绪的源泉，不愿承担责任、改变自己。"我这么难受，都怪她""我的所有问题都是父母一手造成的""我学习不好，都是老师的错"。

妄下评论

喜欢对自己、他人及各类事件下判断，比如"好的""坏的""对的""错的"，而不会单纯地去描述，去接受，去理解。"我表现得不好""我试过了，但总是做错""她好成功呀，我就没有她那么成功了"。

追悔过去

总想着如果当时做得更好一点就好了，而不关注现在能做些什么。"如果我当时再努力一点，就能找到更好的工作""我不应该说那句话的""我总把事情搞砸"。

如果……怎么办

总担心如果某件事情发生了怎么办，并且对所有答案都不满意。"话是这么说，但如果我很焦虑，喘不上气了怎么办？"

情绪化推理

让情绪主导自身对现实的认知。"我不开心，肯定是抑郁了""我好焦虑，肯定要发生危险了"。

不能驳斥

不愿接受一切能驳斥自身消极情绪的证据或论据。"没有人爱我，朋友和我出去玩，只是因为可怜我""我是个坏人，我帮助别人仅仅因为这让我感觉良好"。

不公平的比较

以不切实际的标准来认知事件。"别人考得比我好""同龄人比我成功多了"。

练习

你或许在自己身上看到了上述认知扭曲的思维方式。想一想，哪些是最经常发生在你身上的，列出清单。选择其一，完成以下问题并思考。对于清单上其他类型的认知扭曲，也分别如此处理。

我担心……

这件事情发生的概率有
多大？举出例子（比如
过往的经历或证据），证
实你的回答。

如果你担心的事情真的
发生了，最坏的情况是
什么？请具体描述。

如果你担心的事情真的
发生了，最可能发生的
情况是什么？

在这种情况下，哪些因
素在你的掌控之中？

你能否改变这些因素?

沟通说明

回答下列问题,对你的认知扭曲程度进行现实检验[一]。

🕸 如果担心的事情发生了,你在一周
后从消极情绪中恢复的可能性有多
大?(以百分比预估)

🕸 如果担心的事情发生了,你在一个
月后从消极情绪中恢复的可能性有
多大?(以百分比预估)

🕸 如果担心的事情发生了,你在一年
后从消极情绪中恢复的可能性有多
大?(以百分比预估)

⊖　检验自身区分内心想象与外界现实的能力。——译者注

运用洞察力，管理消极情绪

目　标

🎗认识对话目标。

🎗提升为困难对话取得积极结果的能力。

🎗学习在不触发伴侣防御机制的情况下发起对话，就微妙或令人紧张的话题进行讨论。

　　嫉妒时，我们会产生强烈的情绪反应，而引发这种情绪的，是我们自己编造的故事。我们会妄加揣测，添油加醋，主观臆断，这么做对我们并不总是有好处的。

　　我们往往会因为嫉妒而丧失部分力量。胡思乱想时，如果能带着同理心进行批判性分析，就能找回这些丢失的力量。我喜欢把这种能力称为"洞察力"。借助洞察力，我们便能自主选择接下来应该如何行动，而不是让情绪掌控一切。

练习

把想法写下来，不要让它们在脑海中打转，这么做能让这些想法失去力量，对你管理情绪有所助益。

回想一次情绪激烈的经历，描述事件原委以及你心中揣测的念头。

示例： 我的伴侣肯定喜欢上他的新同事了。我打赌有很多只有他们自己知道的笑话。那个新同事肯定很风趣，我的伴侣一定每天都盼望着见到她。我想知道他会不会觉得那个同事比我更有吸引力。说不定有一天，他会离开我，去找像她一样出色的人。

把你在这次经历中所担心的事情分为以下几类。

	示例	你的故事
合理的	我希望能像她一样，对_____有更多的了解	
不合理的	说不定有一天，他会离开我，去找像她一样出色的人	
不确定	我想知道他会不会觉得那个同事比我更有吸引力	

	示例	你的故事
真的	我打赌有很多只有他们自己知道的笑话。那个新同事肯定很风趣，我的伴侣一定每天都盼望着见到她	
假的	他那么喜欢她，或许不再喜欢我了吧	
不确定	我的伴侣肯定喜欢上他的新同事了	

	示例	你的故事
合乎逻辑的	我打赌有很多只有他们自己知道的笑话。那个新同事肯定很风趣，我的伴侣一定每天都盼望着见到她	
不合逻辑的	我的伴侣肯定喜欢上他的新同事了。我想知道他会不会觉得那个同事比我更有吸引力。说不定有一天，他会离开我，去找像她一样出色的人	

现在你已经更清楚地意识到，自己在亲密关系中会编造什么样的故事。接下来你要了解如何做出改变。我们通常可以把担心、忧虑、恐惧的事物分为三类：可以控制的、可以影响的和无法控制的。把你担心的事情分成这三类，填入下方的轮盘。

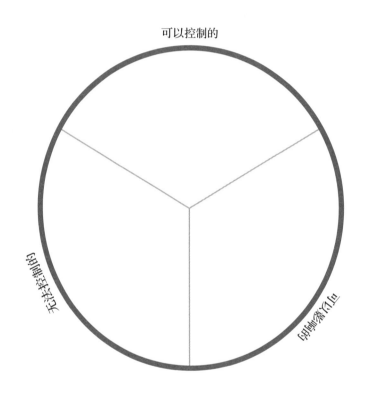

沟通说明

根据分类情况，思考下列问题：

🌀 你担心的事情多为哪一类？

🌀 你能如何以有所助益的方式影响这些担忧？

🌀 哪些担忧是在你的掌控之外且你也愿意放下的？

🌀 你的恐惧反映的是现实情况吗？

🌀 哪些恐惧与担忧是你能采取措施去改变的？

第 2 章

谈　话

在亲密关系中，有的时候我们能和伴侣轻松自然地交谈，但有的时候双方沟通起来却困难重重。我们都遇到过这样的时刻：陷于冲突之中，难以真正地理解对方。在本章中，我们将对你的沟通技巧进行细微调整，从而创造空间，呵护彼此的脆弱，向对方提供有意义的支持，展现自己真实的一面。

技巧 **6**

创造安全空间，呵护彼此的脆弱

❀ 练习创造安全空间，让彼此能够分享脆弱的时刻。

❀ 回忆过往的脆弱时刻，与伴侣分享。

❀ 确定有哪些因素能为你和你的伴侣带来安全感。

在亲密关系的建立中，脆弱面至关重要。展露脆弱的一面存在风险，需要表露情感；同时也会让对方发现，哪些事物对你而言具有意义。大部分人不愿面对自己脆弱的一面，或对此感到麻木，又或尝试忽略它。但在生活的某些时刻，每个人都要和脆弱的一面做斗争。能够有效管理脆弱的伴侣，往往可以减少冲突中的干扰，更好地解决问题。

建立安全感的因素

若要创建安全空间，让双方能够袒露脆弱的一面，我们首先要知道，处于不安稳的环境中时，哪些因素能带来安全感。

- **边界**：明确对彼此的承诺，并相信对方会尊重自己的边界。
- **暖心**：宽容对待伴侣，全心信任对方。
- **不评价**：以合作的心态与对方相处，而不是事事谈论对与错。
- **正直诚实**：阐明价值观，言行一致。
- **安全感**：在亲密关系中你们曾受过哪些伤害？这些伤害会对目前这段关系造成什么影响？理解上述两点。
- **可靠度与责任感**：履行对彼此的承诺；留出空间，让双方能更从容地承认错误，并修复错误造成的伤害。

练习

回忆两个场景。在第一个场景中，当你袒露脆弱后，双方沟通顺利；第二个场景则相反。

A. 向他人袒露脆弱后，双方沟通顺利，描述这段经历。	
B. 向他人袒露脆弱后，双方沟通不顺利，描述这段经历。	

结合上述两个场景回答下列问题，深入思考并探究能为你带来安全感的因素。

袒露脆弱后双方沟通顺利

- **安全感**：感到安全时，你的身体有哪些反应？对方的什么行为让你有了这些反应？
- **边界**：你和对方是如何许下明确承诺，建立起清晰边界的？
- **暖心**：你们是如何向彼此展现善意，流露无私真情的？
- **不评价**：你们如何营造出了一个不做评价的空间？
- **可靠度与责任感**：你有哪些承担责任的行为？你和对方是如何承认错误的？当伤害已造成时，你们是如何补救的？
- **正直诚实**：在这个情境中，你的哪些价值观起了作用？哪些因素让你能够实践你的价值观？

袒露脆弱后双方沟通不顺利

- **安全感**：在这个情境中，过往的感情经历如何影响了你的行为及想法？
- **边界**：你本该做哪些事情来明确边界及承诺？你本还能做哪些事情，让对方更明确地表达自己的诉求？
- **暖心**：哪些时刻，即使你怀有疑虑，也应该全心信任对方？
- **不评价**：哪些时刻，你发现对方在做评价（对的／错的、好的／坏的、过分了／还不够）？

- **可靠度与责任感**：在这个问题上你有哪些责任？未来你将如何承担责任？在这种情况下，哪些措施能弥补伤害？
- **正直诚实**：在这种情况下，你的哪些价值观起了作用？你是如何践行／违背你的价值观的？

沟通说明

　　阅读下列问题，反思脆弱及安全感是如何影响你与伴侣间的沟通矛盾的。可以把答案写下来，也可以和伴侣出声讨论。

　　✿ 想一想在其他关系中，哪些因素能为你带来安全感？你能如何利用它们提升这段关系中的安全感？

　　✿ 在你阅读本书、进行练习时，伴侣能为你做哪些暖心的事情？

　　✿ 当你们一同阅读本书进行练习时，如果遭遇了脆弱时刻，哪些因素能让你们感到安全？

不做评价，保持好奇心

目　标

- 认识在这段关系中你所做出的评价。

- 认识评价背后的深层次需求。

　　妄下评论会让本想靠近彼此的两个人快速变得生疏。评价自己，会将他人拒之门外，难以建立联结；评价爱人，会让对方无法向我们敞开心扉。妄下评论会扼杀亲密关系中的真心实意。

评价的类型

下面是亲密关系中最常见的四种评价类型。

个人品德（好的／坏的）：利用一系列原则来区分好的行为和坏的行为。

- "糖吃多了不好。"
- "如果他是个好人，他就会……"
- "我的方法更好。"

道德规范（对的／错的）：利用价值观来规定什么是对的行为，什么是错的行为。

- "让我来告诉你怎么做才是对的……"
- "事实是……"
- "你错了。"

程度评价（过分了／还不够）：用程度评估价值。

- "你太敏感了。"
- "如果你爱我，你就会……"
- "这没什么大不了的。"

对比评价：用理想情况衡量现实情况。

- "我以前的伴侣对这种事情都不会有意见的。"
- "好吧，我所有朋友都认同我的做法。"
- "你就不能更_____一点儿吗？"

练习

把你的想法写在下方空白处，中途不要修改，尽可能诚实。但是，不要和伴侣分享这些未经修饰的想法及评价。

写出每一个想法对应的情绪，可以参考本书附录。你可能会发现，有几种情绪会反复出现，这没有关系。你可能还会发现，当你写下情绪时，会有新的想法冒出来，这也没有关系。

	示例	你的故事
想法	• 你不够体贴 • 这段关系已经无法修复了 • 你或许值得更好的人	
情绪	愤怒、沮丧、无助无助、伤心、孤独羞愧、尴尬、内疚、伤心	

沟通说明

有的时候，评价是一种信号，说明我们需要更明确的边界及担责流程。从自身的想法及情绪中，你发现自己对边界有哪些需求？

有的时候，评价还是另外一种信号，说明我们在生活的某一方面需要更多支持。从自身的上述想法及情绪中，你发现自己需要哪些支持？在这种情况下，你觉得有意义的支持是什么样子的？

技巧 8

表达感激之情，提升情感亲密感

目　标

✸ 学习培养亲密感的方法，将它运用在你们的关系中。

✸ 每天表达感激之情，提升情感亲密感。

在亲密关系中，每个人对情感上的亲密都有着强烈渴望，希望对方能够真正理解你、爱你。这种爱不是"即使看到了你的不完美，也依旧爱着你"，而是"爱着你，也爱着你的不完美"。情感亲密感是一种深层次的理解，会令你感受到这个对你很重要的人能"完全懂你"。这或许是一段关系中最美妙的地方，但十分罕见。

情感亲密感的四大要素

如何通过表达感激之情提升情感亲密感？可以使用以下方法。

个人的

- 说出自己的观点、见解或想法。
- 说出自己的价值观及感受。
- 陈述时，使用"我"作为开头。

举个例子，不要说"人们在假期时会更开心"，使用下列更能表达个人感受的句式：

- "出游行程定下来后，我会更开心的。"
- "收拾出游行李时，我觉得心里暖暖的，好开心。"
- "我最喜欢在纽约跨年了。"
- "这首歌让我心潮澎湃。"

具体的

- 说出自己的观察。
- 明确说出哪些事件、想法及做法是独属于你们的。
- 说出与上述内容相关的人的名字，和他们直接分享你的想法。

"具体的陈述"示例：

- "每到 12 月份，我就会更开心。在你们家我觉得很温暖。"

- "每一年，蒂姆和约翰都会举办我最喜欢的跨年派对。"
- "我喜欢家人们像这样围坐在一起。你不在时，我好想你。"
- "我现在好开心，我已经在憧憬明年的圣诞节了。"

有意义的

- 说出与你的观察相关的想法或故事。
- 明确说出为什么某些事物对你而言意义重大。
- 回忆一段与你的陈述相关的往事。
- 直接表达感激与欣喜之情。

"有意义的陈述"示例：

- "我好喜欢丑丑的圣诞毛衣，它们会让我想起我爸爸。"
- "我好期待今年能和奶奶一起做传统的圣诞节曲奇。我很怀念和她一起做饭的时光。"
- "我好期待参加今年的圣诞募捐活动，为社会出一份力是我的价值观之一。"

当前的

- 聊聊你此时此刻的想法、感受及观察。
- 回忆往事，将它们与眼下的事情联系在一起。
- 预测未来将发生的事情，将它们与眼下的事情联系在一起。

"着眼于当前的陈述"示例：

- "听了你的笑话，我想起我姐姐笑起来的样子。能想起她真好。"
- "下雪了，好期待今年能和孩子们一起去滑雪橇。"
- "我喜欢家人们像这样围坐在一起。你不在时，我好想你。"

练习

每天抽出 10 分钟，回答下列问题，和伴侣共同完成练习，表达感激之情，提升情感亲密感。

思考一下，伴侣做了哪些事情令你心怀感激，挑出一件进行练习。闭上双眼，回想此次事件。此刻，你的心里有哪些感受？

- 你感受到了哪些情绪？
- 对伴侣产生感激之情时，你的身体有哪些反应？
- 你的这些想法对你来说意味着什么？

完成思考后，使用下列句式，与伴侣分享你的想法。

伴侣 A："你做了许多令我感激的事情，目前让我感触最深的是……"

伴侣 B："我做了许多令你感激的事情，目前让你感触最深的是……"

伴侣 A："当我想起你在（做上述事情）时，我看到了……"

伴侣 B："当你想起我在（做上述事情）时，你看到了……"

伴侣 A：“当我想起你在（做上述事情）时，我感受到……”

伴侣 B：“当你想起我在（做上述事情）时，你感受到……”

伴侣 A：“（上述事情）对我意味着……”

伴侣 B：“（上述事情）对你意味着……”

一方完成上述练习后，与另一方交换角色，再来一次。

如果你们喜欢这样的思考练习，我推荐你们在专业人士的指导下，进行意象关系治疗[⊖]，深化思考。

沟通说明

在接下来的三天中，挑战自己，看一看自己在沟通时，是否遵循了提升情感亲密感的四大要素，有哪些部分还需多加调整。挑战自己，说话时更具体、更直接、更关注当下，并为话语注入更多意义。这么做了以后，观察发生了哪些变化？

⊖ 意象关系治疗（Imago Relationship Therapy）：一种伴侣关系疗法，以更健康的方式增进双方对彼此的理解，探索童年经历对目前关系所造成的影响。——译者注

识别无法解决的冲突

目 标

❀ 识别无法解决的
冲突。

❀ 遇到无法解决的冲
突时，学习把它们说
出来。

❀ 增强对此类特殊冲突
的认识，接受它们，
提升共情能力。

　　每对伴侣都会有一些无法解决的冲突。能够认清这些冲突，接受彼此间的差异，并愿意携手解决问题的伴侣，长期而言，他们会相处得更好。这些无法解决的冲突通常涉及是否守时、是否积极主动、日程安排、存钱还是花钱等问题。

练习

你和伴侣应该很清楚，你们之间有哪些无法解决的冲突，也就是你们会时常为之争吵的问题。列出 3～5 个你们觉得最可能引发冲突的话题。

然后思考下列问题。

- 当你意识到你们永远不会在这些问题上达成一致后，发生了哪些变化？
- 在不尝试改变对方的前提下，你们将如何共同处理彼此间思想或行为上的差异？

在这些话题上，你和伴侣或许仍旧无法达成一致，你们永远会有不同的处理方式。但接受这一事实后，争吵频率就会大大降低。

为了解决这些潜在矛盾，首先要明确你的意图。回答下列问题，明确自身意图、目标及边界，然后再与伴侣进行沟通。

谈论这个话题，我的目的是什么？沟通这个话题，对我有什么好处？我为什么想和他谈论这个话题？	

谈论这个话题，我想满足自身的哪些需求？我想表达哪些感受？

谈论这个话题时，我能真正考虑伴侣的感受吗？当伴侣的想法和感受与我的相差甚远时，我能真正听见对方的心声吗？

什么是好的沟通结果？谈话完成后，我希望自己有什么样的感受？我希望伴侣有什么样的感受？

如果谈话演变为冲突，我将如何管理自己的情绪？我要设立哪些边界才会有安全感？如果双方需要一点儿空间，各自考虑这个问题，我还能从什么地方获得支持？

沟通说明

下一次，当此类无法解决的冲突话题再次出现时，先问问自己上述问题，再与伴侣沟通。在谈话前先明确自身意图，留意一下这么做了以后，发生了哪些变化。

技巧 **10**

即使有所疑虑，也要全心信任

目 标

- 转变思维方式。

- 提升"心怀暖意地开启一场困难谈话"的能力。

相互信任的关系建立于善意的基础之上。发生冲突时，信任基础牢固的伴侣即使有所疑虑，也能全心信任对方，从而更轻松地化解冲突。

不难发现，更多地理解对方，会增加我们的同理心，因而能更好地换位思考，更愿意与对方合作解决问题。

表达善意时，也要看对方是不是可信任的人。表达善意意味着我们选择信任对方，而不会流露不安或怨恨。这并不容易，也不适用于所有关系。总有一些人不值得我们的善意。运用洞察力，看一看哪些人值得你去信任？

练习

一天早上，我的伴侣突然表现得有些粗鲁。他起床后对我说："起来，帮我一起带孩子。"我本可以开启自我防御机制，对他说："你说什么鬼话呢？"

但我了解我自己，我知道自己在早上通常无法散发太多善意，所以我冷静了一分钟。随后我想到，今天是他入职新工作的第一天，他担心会迟到，而我把这件事给忘了。想到这里，我就能和他共情了。于是我的想法变成了："他今天可能需要更多帮助。如果换作是我，肯定也会急急忙忙地想准时出门。"

从现在开始，观察一下，你在什么情况下会对伴侣做出不那么友善的揣测？选择一个具体事件，写在下方空白处。

列出五个你本该做出的
友善假设。

示例："他可能只是对
这个话题感到紧张。""他
肯定不知道，我有多么
希望他能听我说这些。"

练习把负面揣测变为正面假设，这能让你在日后的冲突中心怀好
奇，创造更多的可能性。

沟通说明

回答下列问题，为困难谈话扭转方向。

❀ 如果你相信伴侣没有恶意，这会改变什么吗？

❀ 如果你相信伴侣已经尽力了，这会改变什么吗？

第 3 章

倾　听

如果不掌握基本的倾听技巧，那么无论你怎么练习其他技巧，都没有太大用处。完成本章中的练习，打下坚实基础，学习做一个好的倾听者。

获取情感同意

目　标

❋ 理解亲密时刻中的"同意"。

❋ 练习尊重情感亲密时刻。

❋ 学习技巧，建立健康的情感边界。

　　许多来访者来到我的咨询室时都十分沮丧。他们尝试过许多方法，希望伴侣知道他们在倾听和尽力支持，但伴侣似乎无法领会。一方觉得对方没有支持自己，另一方则表示已经尽可能地给予了 110% 的支持。

　　"我只是希望你听我说话。"一方说。

　　"我什么也没做，就在听你说话呀。"另一方说。

　　在亲密关系中，无论是索取支持还是给予支持，都有许多方法。但是，如果不清楚自己想要的是哪种支持，或在给予支持前不询问对方的具体需求，那么往往会事倍功半。

　　我把这称为"获取情感同意"。我告诉来访者，在袒露情感脆弱面时，应先获取对方的同意。

　　如果没有建立明确的情感同意，我们在聆听伴侣需求或给予支持时，往往会产生误解，难以达到目的。

练习

借助这个练习，你将和伴侣一同探索如何获取情感同意，让彼此对沟通的话题有更明确的认识。

在开启谈话前，应先取得对方同意。与对方分享想法时，你便能更清楚地知道自己该说些什么。聆听伴侣说话时，也可以使用阐明句式，明确对方的想法。

开启话题

开启沟通时，明确说出自己的意图，这便是一种建立情感同意的方法。下面是几个例子：

- 我需要你的共情 / 认可 / 关爱 / 为我解决问题，今天有时间和我聊聊_____吗？
- 我想和你聊聊_____，什么时候合适？
- 我希望生活能更_____。你能帮我一起想一想，怎样才能实现吗？

如何将以上句式运用到亲密关系中？写下你的方法。	

分享想法

有的时候，你对伴侣并没有明确需求，但确实希望和他 / 她分享一些信息。可以使用以下句式，向对方表明想法：

- 我只是想发泄一下，希望有人能听听我说话。你能不能光听我说，然后用你自己的话重复我的话？
- 和你分享这些，其实我很紧张。因为我不想_____，我希望_____。你可以通过_____来支持我吗？
- 我知道我需要更多的_____。
- 当_____发生时，我感觉_____。
- 我知道因为我_____而造成了问题。

如何将以上句式运用到亲密关系中？写下你的方法。

倾听与总结

当伴侣发起话题而你是倾听者时，明确对方的需求同样重要。以下是一些示例句式：

- 你是希望我和你共情，还是想寻求问题的解决办法？
- 我想确认是否听明白了你说的所有内容。我能把我听到的复述一遍吗？
- 我想你想说的是_____。我理解得对吗？
- 我理解你的感受是_____。你还有别的感受吗？
- 我今天可以做些什么来支持你呢？
- 可以再重复一遍吗？我想确保我没有漏掉任何信息。
- 你还有什么想说的吗？

如何将以上句式运用到亲密关系中？写下你的方法。

沟通说明

　　找一个你希望和伴侣讨论的话题。问问自己，当你聊起这个话题时，你希望从伴侣身上得到什么？希望获得伴侣的支持，这没有错。但如果你能明确说出自己的需求，就更有可能获得想要的东西。如果你不知道自己想要的是哪种支持，可以参考附录中列出的需求。

技巧 12

建立情绪词汇表

目 标

❀ 练习把情绪说出来。

❀ 使用简单的方法阐明
   自己的情绪。

❀ 更深入地了解伴侣。

所需工具

❀ 笔

❀ 纸

❀ 剪刀

❀ 碗或罐子

❀ 这本书

把自身感受真切地告诉在乎的人，这是最容易袒露自身弱点的方式之一。向对方袒露脆弱，而对方温柔体贴地接纳了我们时，双方在情感上就会变得更加亲密，信任感也将增强。

然而如果不了解情绪，甚至连情绪的名字都叫不上来，那就无法有效地渡过情绪上的难关。了解情绪，是具备同理心及心理复原能力的先决条件。

了解情绪非常重要。大部分人都需要一套工具，才能建立起情绪词汇表，毕竟学校不教这个。若你想和伴侣增进关系，现在就要开始练习。

练习

1. 用剪刀把一张纸剪成 40 小份。

2. 翻到附录部分，从每个类别中（愤怒、悲伤、愉悦及恐惧）挑选出 10 种情绪。把这 40 种情绪写在小纸条上，然后把纸条放进碗里或装进罐子里。

3. 双方轮流抽选纸条，不要告诉对方你抽到的是什么。

4. 想一下，你在什么情况下感受过这种情绪。在脑海中描绘出清晰的画面。你在哪里？你和谁在一起？你在干什么？你的身体有什么感觉？双方轮流重复这个步骤。

5. 和伴侣分享你的故事，但不要告诉他／她你抽到的是什么情绪纸条，让对方猜一猜。

6. 就算没有立刻猜对，也不要灰心。利用这个机会观察并思考一下，自己是如何感受不同情绪的。感受情绪的方法没有对错，你也只是在通过这个游戏和伴侣分享故事，练习不做评价地猜测情绪。

沟通说明

如果想扩大情绪词汇量，可以试一试一个简单的小练习。从本周开始，每天从附录中随机挑选一种情绪。挑战一下，观察自己或他人会在什么情况下感受到这种情绪。

学习同理心沟通技巧

目　标

❀ 理解同理心在亲密关系中的重要性。

❀ 练习站在对方角度看问题。

❀ 练习不做评价地认可对方。

❀ 与对方的情感经历产生深度共鸣。

　　同理心指通过肢体语言或口头语言，将对方的感受及需求表达出来，同情对方，关注对方。展现同理心，无须治愈对方所经历的伤痛，只需散发善意，接受并尊重对方。

　　具备同理心的人，往往能够适应令人不快的情绪。聆听伴侣的过往经历时，着眼当下，不因对方的感受而自责，这其实很不容易。

　　同理心沟通由三大关键部分组成：

* 情感连接——与对方的情感经历深度连接。

* 换位思考——努力站在伴侣的角度看问题。

* 认可经历——认可对方的经历，但不做评价。

练习

　　相信自己能坦诚面对自身的感受与需求，这个时候，你的共情能力便提升了。与他人共情，不代表放弃自己，也不代表赞同对方，仅仅代表你希望理解对方。

　　为了进一步挖掘自身的感受与需求，请回想最近的三个时刻，一个紧张的、一个开心的、一个伤心的，然后回答下列问题。

最近一次感到紧张是什么时候？你在哪里？和谁在一起？希望发生什么事情？身体有什么感觉？这段经历有什么重要或具有意义之处？

最近一次感到开心是什
么时候？你在哪里？和
谁在一起？希望发生什
么事情？身体有什么感
觉？这段经历有什么重
要或具有意义之处？

最近一次感到伤心是什
么时候？你在哪里？和
谁在一起？希望发生什
么事情？身体有什么感
觉？这段经历有什么重
要或具有意义之处？

和伴侣轮流回答上述问题，分享故事。当你扮演倾听者角色时，练习展现同理心，仅使用下列句式回应伴侣：

- 我想你的感受是……

- 听起来，_____对你来说真的很重要。

- 我能理解你为什么会有这种感受，因为……

- 你会有_____的想法 / 感受是很合理的。

- 你肯定会觉得……

沟通说明

只需一个简单步骤，你就可以开始练习同理心倾听技巧。挑战自己，每天选择生活中的一个人，想象他一天当中的某一时刻，猜一猜他在那个时刻的感受。

如果觉得合适，可以把你想象的内容与那个人分享。"我刚才在想你昨天在会上说的话，我猜你当时是不是觉得_____"，或者"我刚才在想我们昨天的谈话，我想你是不是觉得_____"。

如果对方指出他们的感受与你猜想的有细微差异，让他们说下去，练习倾听，了解你在意的人是如何以不一样的方式感受不同情绪的。

区分想法和感受

我们的想法包括对自己及对周遭世界的看法、观点、信念及态度。这些想法会影响我们对过往经历的解读，无论好坏。这些解读便是我们的认知，或者说我们认为的正在发生的事情。

在亲密关系中要认识到，我们对伴侣的认知（有时是合理的）并不等同于我们的感受，区分二者非常重要。在接下来的练习中，你将学习哪些词语表达的是认知，哪些词语表达的是感受。借助这个练习，你将掌握大量情绪词汇，从而能和伴侣沟通自身需求，为亲密关系打下坚实基础。

练习

填写下方表格。根据已列出的"认知"，在"事件"一栏填入会令你产生这种认知的事件。参考本书附录，在"感受"一栏填入这种认知会引发的两种情绪。

这个练习的重点在于区分事件、认知及感受，以便更好地和伴侣沟通分享。

事件	认知	感受
示例：我看到你和别人有说有笑	被背叛	不安
	被攻击	
	被背叛	
	被批评	
	被排挤	
	不受尊重	
	被否定	
	被评价	
	被冷落	

事件	认知	感受
	被操控	
	被忽略	
	被看不起	
	被施压	
	被拒绝	
	被压抑	
	不被赏识	
	被利用	

沟通说明

大声说出自己的想法、认知或见解，把它们和感受区分开来。使用下列句式，看一看哪一句最管用：

❀ "如果让我来解释这件事情，我会认为……"

❀ "我把这些信息放在一起，其实是为了说明……"

❀ "我编了一个故事，是为了……"

技巧 **15**

进一步提问

目　标

- 练习进一步提问，与伴侣深入沟通。

- 进一步提问，提升倾听能力。

　　保持好奇心，愿意了解彼此并一同成长的伴侣，长期而言，他们能够相处得更好。在磕磕绊绊、变化不断的亲密关系中，这样的伴侣能够以更强的复原能力应对问题。而且，他们还能保持热情与激情。

　　在确定关系的前几周，我们与伴侣往往是深度联结的（甚至可以说为对方深深着迷）。然而随着年月流逝，双方变得越来越熟悉（这并不是坏事），好奇心也渐渐消退。

　　我们不再对对方感到好奇。如果想重燃好奇心，进一步提问是一个不错的方法。

练习

什么是进一步提问？比如说，如果伴侣提到了自己的姐妹，你可以这么问：

- "在你和她的关系中，如果可以改变任意一点，你会改变什么？"
- "你和她有哪些相似之处？又有哪些不同？"

提出可以获取更多细节、让谈话更深入的问题，也可以使用简单的陈述句来获取更多信息。使用下列句式，告诉伴侣你的意图：

- "和我说说，我想知道所有细节。"
- "你成功引起了我的好奇心，可以再多说一些吗？"
- "我想听听背后的故事。"

现在就试一试，找一个伴侣可能会提起的话题（工作、父母、兄弟姐妹、爱好等），列出可以进一步提问的问题。

沟通说明

　　和伴侣约定一个时间，练习进一步提问。观察一下，哪些问题能让对方打开话匣子，哪些问题是对方抗拒回答的。从中你能知道什么？

承担责任及修复关系

发生争吵时，伴侣们最常落入的陷阱便是互相责怪。他们陷于相互指责、推卸责任的僵局之中，再也无法携手向前。

化解这种局面的方法便是承担责任。

技巧 **16**

从相互指责到承担责任

目　标

- 与伴侣起冲突时，认清哪些行为是在责怪对方。

- 在冲突中要有承担责任的心态，不要责怪对方。

满脑子只想着指责对方，这是最常见的破坏亲密关系的行为。责怪对方时，我们会释放愤怒情绪，进行自我防御，这让我们难以与深爱之人共情，也无法和对方建立联结。谈话时，如果你的出发点是指责伴侣，那么对方大概率也会以防御心态回应。许多伴侣都陷入了相互指责、推卸责任的困境，找不到出路。

承担责任

承担责任，就能化解互相指责的僵局。每段关系都是由双方共同打造的，所以要怀有承担责任的心态。也就是说，要关注自己在冲突中犯下了哪些过错（无论多么轻微），并承担起责任。

不愿承担责任时，你说的话听起来就会像批评与指责，下面是几个例子：

- "如果你听我的，事情就不会这么糟糕。"
- "你竟然忘了给修理工打电话。我真是不敢相信。我就不该把事情交给你。"
- "你快把我逼疯了。"
- "都是你的错。"

若以承担责任的心态重述这些话语，那会是：

- "如果我坚持自己最初的建议就好了，我妥协得太快了。如果我没有妥协，事情就不会这么糟糕。"
- "你没有履行承诺，我非常失望。你今天会打电话吗？我可以相信你吗？或者我来打？"
- "我现在很难受。我得缓一缓。"
- "我发现有的时候，为了照顾你，我会做一些我不想做的事情。而你并不需要我这么做。我以后不会逼你逼得那么紧的。"
- "我可以承担部分责任，我希望你也能承担部分责任。"

练习

如果你不愿思考自己在冲突中有哪些过错，那么在和伴侣的沟通过程中，你就是不够勇敢的，或者说没有足够的勇气面对自己。

许多人都承担了过多不属于自己的责任，并因此感到烦恼。但无可否认的是，每一次冲突都是由伴侣双方共同造成的。

有的时候，你的责任或许仅仅在于没有直白地说出自己的想法，或是没有保持好奇心；而有的时候，你的过错可能更严重些，比如责怪对方，大吼大叫，不愿担责，不尊重对方的边界，或是将自己的不安全感投射到了对方身上。

回想近期的一次冲突，认清自己的推责心态，列出三个自身的问题。

推责心态

示例：我的伴侣对家里不够关心，总是不完成他 / 她负责的那一半家务。

担责心态

示例：我的伴侣没有完成我自己定义的"一半的家务"。我或许可以和对方聊一聊，明确在哪些家务上我需要他 / 她给予更多支持。

沟通说明

　　有人会责怪自己、感到羞耻，这有些过度了；有人会逃避责任，这无益于改善局面。

　　承担责任时，要记得关怀自己，这能够减少羞耻感及孤独感，增进个人成长，加深与伴侣的联结。关怀自己不意味着放任自己逃避责任，而是在承担责任的同时，留出爱自己的空间。思考这个问题：

　　✸ 在承担责任的同时，我能如何进一步关怀自己？

技巧 **17**
理解冲突模式

目　标

🌸 认清对话的目标。

🌸 提升为困难对话取得积极结果的能力。

🌸 学习在不触发伴侣防御机制的情况下发起对话，就微妙或令人紧张的话题进行讨论。

　　伴侣们往往会陷入消极的行为、思想及情绪的恶性循环中，苦恼不堪。你的伴侣做出反应后，你再对他／她的反应做出反应（反之亦然），循环往复，永无止境。

　　这样的恶性循环就好比一支经过精心设计的舞蹈。但只要理解了舞蹈动作的细节，就能轻松地中断这些动作，做出改变。消除困扰的第一步就是打破恶性循环。

与伴侣难以和睦相处

和伴侣发生争吵，无法融洽相处时，你有什么感受？你会做什么？在下方勾选出你的反应，再从中圈选出最重要的几项。

我的行为

□ 咄咄逼人   □ 批评对方   □ 转身离开

□ 逃避冲突   □ 自我辩护   □ 说三道四

□ 冷漠以对   □ 默不作声   □ 退出谈话

□ 刨根问底   □ 提高嗓门儿   □ 压抑情绪

□ 责怪对方   □ 逃离现场   □ 嬉皮笑脸

□ 沉默以对   □ 讽刺对方

我的身体感觉

□ 胸腔感受到压力   □ 胸口堵得慌   □ 疼痛

□ 脉搏加速   □ 热   □ 困倦

□ 手心出汗   □ 冷   □ 麻木

□ 胃部下坠   □ 头晕眼花   □ 紧张

□ 喉咙哽咽   □ 皮肤刺痛

□ 肩膀紧张   □ 肠胃不适

我的情绪感受

□ 恐惧   □ 愤怒   □ 伤心

□ 孤单   □ 一片空白   □ 空虚

□ 沮丧　　　□ 内疚　　　□ 麻木

□ 五味杂陈　□ 绝望　　　□ 害怕

□ 警惕　　　□ 没有安全感　□ 嫉妒

□ 难受　　　□ 胆怯　　　□ 担心

□ 紧张　　　□ 失望

□ 困惑　　　□ 恼怒

我的想法

□ 我很脆弱。　□ 永远是我的错。　□ 他 / 她不想看见我。

□ 他 / 她在责怪我。　□ 他 / 她不认同我。　□ 他 / 她在评价我。

□ 他 / 她在贬低我。　□ 他 / 她在排斥我。　□ 他 / 她不尊重我。

□ 他 / 她在控制我。　□ 他 / 她觉得我没有吸　□ 我不值得被爱。

□ 他 / 她抛弃我了。　　　引力了。　□ 我很糟糕。

□ 他 / 她让我失望了。　□ 我对他 / 她不重要。　□ 我要以牙还牙。

练习

完成这个练习，理解自己行为、思想和情绪上的恶性循环。思考前一页勾选的行为及感受，将下列句子补充完整。

我的伴侣做出反应时，他 / 她通常会（描述他 / 她的行为）……

示例：我的伴侣一定要聊出个结果。我的伴侣会停止沟通，不愿和我一起面对问题。

当我的伴侣如此反应时，我的感觉是……

当我产生这种感觉时，
我认为自己是……

当我产生这种感觉时，
我渴望或需要……

当我做出反应时，我猜
伴侣的感受是……

把你们关系中最常见的恶性循环画出来（你和伴侣是如何触发彼此的情绪、想法及行为的）。

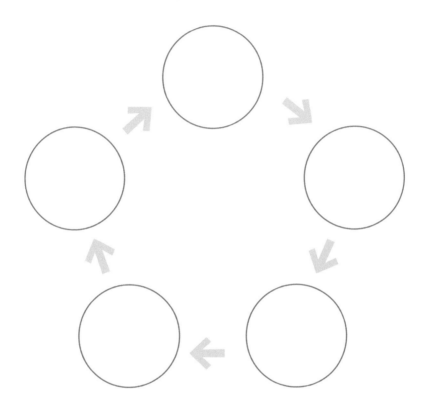

沟通说明

相互分享各自的恶性循环图。你们的图表有什么相似之处吗？可以中断哪一个环节来打破循环？

技巧 **18**

暂停沟通，思考后再重启对话，以消除误会

目　标

❀ 认清对话的目标。

❀ 提升为困难对话取得
正面结果的能力。

❀ 学习在不触发伴侣防
御机制的情况下发起
对话，就令人紧张或
微妙的话题进行讨论。

　　富有同理心地共同承担责任，这是打
造坚固且健康的亲密关系的最显而易见的
方法之一。也就是说，要勇于承认自己的
错误，与伴侣携手从错误中走出来。

　　如果在和伴侣沟通时犯了错误，可以
先暂停对话，冷静下来，消化信息，或进
行反思，然后重启谈话。这是承认错误的
第一步。我们要和对方建立联结，不找任
何借口地对自己造成的影响承担责任。

　　如果觉得错过了重启对话的机会，不
要担心。只要想解决问题，什么时候都可
以，只需简单地说一句："你昨天提到了一
件重要的事情。我们今天可以再谈谈这个
话题吗？"比起逃避或拖延，主动重启话题
会让你和伴侣有更好的感受。

练习

我的导师布琳·布朗（Brené Brown）是一名研究员，她曾说过，和伴侣聊得不愉快时，可以先暂停一下，充分消化信息后再重启对话。可以说："我需要想一想，一个小时后再聊好吗？"

处于不愉快的谈话中时，你会开启防御机制，或需要时间进行思考。暂停谈话，休息一段时间后再继续沟通是很有帮助的。这个举动表明你在认真地思考谈话内容，而不是急于达成和解，或是没有把对方说的话放在心上。"我觉得我需要暂停一下。几个小时后再继续聊，可以吗？"

重启谈话时，你会怎么说？把你想说的话写在下面。

沟通说明

思考一下，在过去的沟通中你曾犯过哪些错误？找一个过去聊得不愉快的话题，在本周内和伴侣重新聊一聊。

诚恳地道歉

目 标

- 练习用健康的方式道歉。

- 提升解决冲突的能力。

- 掌握更完善的道歉方法，在亲密关系中明确表达歉意。

道歉在亲密关系中至关重要，有五大原因：

1. 实实在在的道歉能强化亲密关系中的边界感。道歉能让受伤的一方明白，你是知道对方边界的。

2. 真诚的道歉能让受伤的一方找回尊严。

3. 真诚的道歉能让对方明白，你并不为自己的所作所为感到自豪，且你不会再次做出这种伤害他/她的行为。

4. 对自己的行为负责，这是一种情绪成熟的表现。如果你伤害了对方，承担责任能减轻你的内疚感。

5. 道歉是弥补伤害的第一步。

练习

　　道歉在一段健康的关系中必不可少，但大部分人受缚于内疚感，在需要道歉时无法开口。我们会觉得，承认错误就仿佛承认了自身性格存在缺陷。

　　在这个练习中，首先想一想，你做过哪些让伴侣不舒服的事情。选择其中一件，完成练习。

描述当时的情况。 **示例**：我在车里朝伴侣大吼大叫。	
问问自己：我当时这么做有什么意图？希望达到什么目的？这么做的时候，我觉得会发生什么事情？ **示例**：他／她从来不听我说话，所以我才提高嗓门儿的。我想让他／她停下手中的事情。	

在当时的情境中，你做了哪些事情？回想一下你说了什么话，语气如何，有哪些肢体动作。

示例：我提高了嗓门儿，用力敲打仪表盘。

你觉得你的行为对伴侣造成了什么影响？

示例（直接影响／可见影响）：我这么敲打仪表盘，可能会打坏你的车。

示例（间接影响／不可见影响）：我这么做，你可能会害怕或不知所措。

如果再来一次，你会做出哪些不一样的举动？你可以许下哪些切实可行的承诺，改变日后的行为？

示例：如果当时回家后再和你沟通就好了。以后你开车的时候，我再也不提起这种让人神经紧张的话题了。

有效的道歉

如何道歉才能增进彼此关系，不让双方变得更难受？回答上述问题后，有效的道歉其实已经基本成型。要想做出有效道歉，应遵循五个步骤：

1. **不要解释，不要找借口。**要做出有意义的道歉，应该把关注点放在对方身上。
2. **说出具体行为，并承担责任。**道歉时要具体指出你的哪些行为引发了矛盾。任何冲突都是由双方造成的，所以对方大概率也有需要道歉的地方。但首先要着眼于承认自己的错误，无论你的错误多么轻微。

3. **说出你的行为给对方造成的影响，并承担责任。**具体说出你的行为给对方造成了哪些影响，或重述对方已经向你表达过的感受。你可以不同意伴侣的想法或感受，但要承认它们是切实存在的。

4. **表示下一次将会做出不一样的行动。**告诉伴侣你未来会做出哪些不一样的行动，确保许下的承诺都能兑现。

5. **履行承诺。**履行承诺，才能在亲密关系中建立信任。言而无信是破坏信任的最快方式。如果未能履行承诺，你或许应该从第一步重新开始，再次道歉。在亲密关系中，无法履行承诺的情况时有发生，但如果次数过多且总不道歉，这段关系迟早会被摧毁。

沟通说明

了解自身的默认道歉模式，便能知道自己在日后会如何解决冲突。问自己下面这些问题：

- ❀ 我是从哪里学会道歉的？我的道歉模式模仿的是谁？有哪些人或事直接或间接地影响了我的道歉模式？
- ❀ 人生早期阶段接收的与道歉相关的信息，哪些至今仍影响着我在冲突中的行为？

履行承诺，建立信任

- 解决反复发生的争吵。

- 提升解决冲突的能力。

- 遵循更完备的道歉流程，在亲密关系中明确表达歉意。

"信任是在细小的时刻建立起来的。"我的导师约翰·戈特曼（John Gottman）说。他是一位受人尊敬的研究亲密关系的学者。在亲密关系中，我们会在数不清的细小时刻里，要么选择走向伴侣，建立信任，要么选择背叛对方。戈特曼的研究表明，相较于一次惊天动地的背叛，多年积攒下来的小小失望更容易让伴侣之间变得生疏。

在"亲密关系中的信任"课题上，查尔斯·费尔特曼（Charles Feltman）也是一位重要专家。他认为，当我们愿意将心中重要的东西袒露出来任他人处置时，这就是信任。建立信任最简单的方式之一，是当伴侣需要我们时，可靠地出现在他／她身边。建立信任需要时间。多次履行承诺后，才能让伴侣真心觉得你是可靠的。比如说，一个曾经伤害过我们的人，必须多次做出正确行为后，我们才会完全相信他／她。

练习

和伴侣聊一聊，你们曾对彼此许下了哪些承诺？在下方列出隐含承诺（没有说明的、以为的、暗示的承诺）及明确承诺（明确说出并告知的承诺）。两种承诺分别至少列出 10 个。

隐含承诺 **示例：** 你每次坐飞机回来，我都会去机场接你。	
明确承诺 **示例：** 我不会和其他人上床。	

写完后，各自反思一下自己许下的承诺及履行了的承诺。

在什么情况下，你会无法履行诺言？哪些承诺是你能轻松兑现的？	
和伴侣就"承诺"进行讨论时，哪些信息令你感到吃惊？你学到了什么？	

哪些承诺是需要向伴侣更明确地表达出来的?	
在哪个承诺上,你的可靠度还有待提高?如果要在本周内做一件事情提升自己的可靠度,你会怎么做?	

沟通说明

回想一下,在什么情况下或处于什么样的关系中时,你是更可靠的?这些情况有什么特点及共同之处?在不同的情况下,你的可靠程度有高低之分吗?从中你学到了什么?与伴侣分享你的感悟。

第
5
章

信任与亲密感

　　建立亲密关系的关键原
因之一在于满足亲密感需求。
有许多方法能让你和所爱之
人在智识上、精神上、身体
上、情感上、感官上及功能
性上建立亲密感。我们投入
的每一段关系、友谊或爱情，
都能满足自身不同的亲密需
求。许多人希望从一段关系
中获取不同类型的亲密感，
也有人会从多段关系中寻求
满足。本章将探讨不同类型
的亲密感，并帮助你认识到
在这段亲密关系中，你希望
增强哪种类型的亲密感。

技巧**21**

打造提升亲密感的安全空间

目　标

❀ 明确提升安全感的
方法。

❀ 深化伴侣间的亲密感。

❀ 提升伴侣间的信任感。

　　亲密感与脆弱感是紧密相连的，甚至
难以区分。在此解释一下，脆弱感指的是
袒露情绪，经受情感上的风险；而亲密感
意味着将自身弱点暴露在他人面前，与他
人亲密无间，相互信任。

　　拥有了安全感，我们才能在一段关系
中提升亲密感。

练习

　　找一个舒服的地方，和伴侣一起坐下来，做几次深呼吸。想一想，伴侣身上有哪些你欣赏的优点。准备好后，向对方提出下列问题。

你是否曾在朋友面前展露脆弱的一面，而你觉得这么做很安全？可以描述一下当时的情景吗？为什么那段友谊令你有安全感？	
什么时候你最容易在他人面前放下戒备？什么情况下你会更有安全感，更愿意敞开心扉？	
我做些什么能让你更轻松地对我真正敞开心扉？当你感到脆弱时，我能做些什么来支持你？	

思考伴侣的回答，在下方空白处写下你的想法。

如何打造安全环境，增进与伴侣的亲密感？听完对方的回答，你有哪些收获？	

沟通说明

　　许多人在成长的过程中，从家人身上学到了关于亲密感、脆弱感及安全感的重要一课。花10分钟想一想，你在亲密感方面的感受受到了家人哪些直接或间接的影响？

培养身体上的亲密感

✿ 明确自己在亲密关系
中，对于身体上的亲
密感或性爱亲密感有
哪些需求。

✿ 和伴侣聊一聊，如何
提升彼此间的亲密感。

　　我们往往会过度夸大性爱亲密感在生活中的重要性，以至于将"性爱"一词与"亲密感"混为一谈。我在咨询室询问来访者的性生活时，许多人会回答："我们上周刚亲热过。"他们会用"亲热""亲密"等词语来代替性关系。身体上的亲密感固然重要，但还有许多道路能通向亲密感。如果只着眼于"身体上的"这一条道，就会忽略其他道路，而那些道路编织成的复杂网络也是让健康的亲密关系蓬勃发展的关键因素。

　　对于许多人而言，感官亲密感（具身亲密感）及性爱亲密感是密不可分的。想一想在目前这段关系中，你对感官亲密感的满足程度或渴求程度如何？你的需求被满足了吗？你希望以什么方法增进此类亲密感？

练习

　　找一个舒服的地方，和伴侣一起坐下来，做几次深呼吸。想一想，伴侣身上有哪些你欣赏的优点。准备好后，向对方提出下列问题。

你最喜欢别人以什么方式向你发出性爱邀约？你希望我如何发起性行为？	
在什么样的环境下，你更容易放下戒备，安心地享受性爱？	

我们怎么做才能打造一个环境，让你拥有身体上的安全感？什么样的环境能让你放松下来？

我做些什么能让你在性爱中更有安全感、更放松？

思考伴侣的回答，在下方空白处写下你的想法。

如何打造安全的环境，
增进与伴侣的亲密感？
听完对方的回答，你有
哪些收获？

沟通说明

　　对于部分人而言，感受性爱及感官上的亲密感并不容易，因为他们
与"性自我"或"身体自我"是分离的。想提升性爱亲密感或感官亲密
感，你可以在一天之中观察一下，你在哪些时候会感受到"非性"的愉
悦感及欲望。比如说，午餐时因吃到了美食而产生愉悦感，或因为孤单
而产生了对友谊的渴望。

　　留意愉悦感及欲望会在哪些时刻产生，挑战自己，和伴侣一起把它
们说出来。观察非性爱环境下的愉悦感及欲望，接受它们，会帮助你们
更好地在性爱环境下察觉到此类情绪，并尊重它们。

技巧 **23**

培养情感亲密感、精神亲密感和智识亲密感

目 标

❀ 认识生活中的这三类
  亲密感。

❀ 与伴侣分享你的所学
  所悟，增进亲密感。

深厚的友谊往往建立在情感亲密感的基础之上。当我们愿意在一个人面前展露脆弱的一面，而对方会温柔地指出我们的过错，看见我们的缺点却依然爱着我们，适时地出现在我们身边，带来温暖，让我们能够依靠——在种种这样的瞬间里，情感亲密感就建立起来了。

与他人对同一事物怀有敬畏之心，获得灵感，醍醐灌顶时，我们便与他人建立起了精神上的亲密感。比如在《圣经》研讨会、冥想小组、瑜伽班、静修会或徒步旅行中，我们都能收获精神亲密感。

向他人学习、与他人分享知识时，我们其实是脆弱的，往往会与对方建立起深度联结，这就是智识亲密感。比如在专业教练的带领下学习技能，参加写作学习小组，深入探究某个特定领域等。

练习

　　找一个舒服的地方，和伴侣一起坐下来，做几次深呼吸。想一想，伴侣身上有哪些你欣赏的优点。准备好后，向对方提出下列问题。

当你经历情感上的危机时，我能做些什么来支持你？	
在什么情况下，你最有可能迸发灵感或产生敬畏之情？哪些因素能让你放心地和我分享这些时刻？	
哪些因素能让你安心地犯错？学习的时候，你觉得有意义的支持是什么样子的？	

思考伴侣的回答，在下方空白处写下你的想法。

如何与伴侣在情感上、精神上及智识上增进亲密感？听完对方的回答，你有哪些收获？	

沟通说明

　　我的大部分来访者难以建立起情感、精神及智识亲密感，其中一个原因在于，他们已许久未曾感受过敬畏之情，迸发出创造力，尽情玩乐或深度学习。大部分人都无法真正享受这些日常生活中的特别时刻。

　　若想和他人增进这三种亲密感，首先要提升与自己的亲密感。在一天之中尝试观察一下，你会在什么时候感受到敬畏之情，又会在什么时候灵光乍现？当你留意到某个时刻时，先做一次深呼吸，然后细细地感受一下，敬畏之情与灵感让你的身体产生了哪些感觉。

　　在日常生活中，无论是面对普通的时刻还是非凡的时刻，我们都应常怀感恩之心。这样我们才能和所爱之人分享这些时刻，与他们变得更加亲密。

技巧 **24**

培养功能性亲密感或家庭亲密感

目　标

❀ 观察并理解日常生活中的功能性亲密感或家庭亲密感。

❀ 学习在亲密关系中按需培养功能性亲密感。

与伴侣共同生活，意味着要将自己最私密、最真实的一面展现在对方面前。了解彼此的生活习惯，功能性亲密感就建立起来了，但我们通常会忽略此类亲密感。许多室友及家人都有极高的功能性亲密感，因为他们知道对方喜欢如何把碗筷放入洗碗机，睡觉前会做哪些事情，以及如何减压。

伴侣间最强大的信任感往往来源于功能性亲密感。混杂的账目、生活杂务、育儿方式或假期安排，在这些方面，我们能许下亲密关系中最具意义的承诺。然而，这些方面也是最不浪漫的，所以我们总是不把它们放在心上。这些事务虽不那么激动人心，但从长远来说，它们极具意义。

练习

　　找一个舒服的地方，和伴侣一起坐下来，做几次深呼吸。想一想，伴侣身上有哪些你欣赏的优点。准备好后，向对方提出下列问题。

我做些什么能让你明天过得轻松一点？我做些什么能减轻你下周的负担？	
在日常生活的事务上，我怎么做能让你觉得我更可靠？对于你来说，哪些家务、角色及责任是最具意义的？	
哪些因素能让你在亲密关系中感到舒适，或感受到家庭的温暖？	

思考伴侣的回答，在下方空白处写下你的想法。

| 如何与伴侣增进功能性亲密感？听完对方的回答，你有哪些收获？ | |

沟通说明

对于大部分人来说，伴侣是我们"选择的家人"中最重要的一员（"选择的家人"不是血缘上的家人，而是我们在一生中所选择的朋友及志同道合的伙伴）。花些时间思考一下，在生活中，"选择的家人"对你具有哪些意义？

与伴侣分享你的思考：

❀ 我们在哪些方面像家人一样？

❀ 你如何定义"选择的家人"？

❀ 我的哪些特质是你最熟悉的？哪些特质依然能让你感到惊喜？

技巧 **25**

确认亲密关系中的亲密感需求

目 标

❀ 确认自身在亲密关系
中对亲密感有哪些
需求。

❀ 了解提升亲密感的
方法。

❀ 和伴侣聊一聊，如何
满足自身的亲密感
需求。

　　伴侣之间的许多问题都与未被满足的
亲密感需求有关。对不同类型的亲密感有
清晰认知，能为你们的谈话搭建有效框架，
以便就这个话题开启沟通。

　　在接下来的练习中，你要思考这六种
类型的亲密感在你的生活中是如何体现的，
你的需求是如何被满足的，以及如何增进
亲密感。

练习

利用下方图表，画出你目前在亲密关系中的状况。需求满足度较高，可涂上较大的色块；需求满足度较低，则可留出空白。接下来，回答下一页的问题，更好地理解自己对每类亲密感的需求。

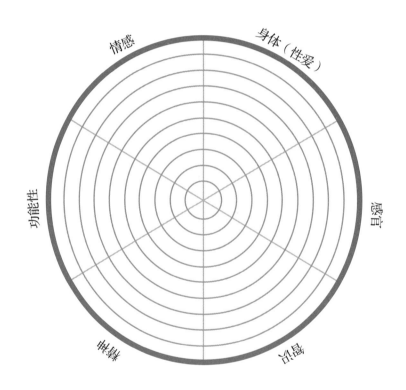

你在哪些需求上的满足度最高，与伴侣建立了深度联结？	
你希望增进哪些类型的亲密感？	
哪些举动能够提升这些类型的亲密感？	

沟通说明

挑战自己，运用我们在第 1 章及第 2 章中学到的技巧，与伴侣聊一聊你对亲密感的需求，尤其关注你希望提升的亲密感类型。告诉伴侣，你觉得什么举动能增进彼此间的亲密感。

健康的边界

边界是我们建立起的一堵墙，用以保护自己免受痛苦、创伤及纷扰。边界也是一扇大门，让爱、能量及养分能够进入我们的生活。但对于多数人而言，边界是一个令人摸不着头脑的谜团。没有清晰的边界，就无法与他人建立信任，也无法获取他人的信任。

技巧 **26**

知道何时需要调整边界

目　标

❀ 边界需要调整时，身
　体会发出信号。学会
　识别这些信号。

❀ 练习聆听身体的信号。

在设立明晰的边界前，我们首先要知
道什么情况下需要设立边界。好消息是，
如果边界需要调整，我们的身体与情绪都
会发出信号。只需留意感到不适的时刻，
就能知道我们需要调整边界了。打破边界，
帮助我们放下对健康或亲密关系无益的事
物。下面是我们能建立的边界类型：

- 保护性边界：筑起壁垒，让自身免
　受伤害与不适。

- 包容性边界：在经历中成长。

- 提出请求，发出邀请，也是一种边
　界。通过这种边界，我们能接触更
　多资源，拥有更丰富的经历与人际
　关系，从而成长。

- 平衡与过滤边界：建立安全界限，
　与身边的人和谐共处。

练习

回想最近一次让你感到不适的人际互动。回答下列问题，思考那次经历。

哪些因素让你意识到需要调整边界了？发生了什么事情？你和谁在一起？	
下一次，当你遇到类似情况时，哪些信号会让你知道自己建立的边界起了作用？	

沟通说明

在日常生活中留意一下，边界起了哪些不同的作用。感到不适时，问一问自己下列问题：

- 我想保护的是什么？
- 我需要更多的 _____。我不需要那么多的 _____。
- 我是怎么知道边界起作用的？

区分要求、需要和想要的东西

目　标

- 确定自己在亲密关系中的需要，把它们说出来。

- 明确区分需要和想要的东西。

- 确定你对亲密关系的要求，练习把它们明确地说出来。

如果你想在亲密关系中满足自身需求，首先要知道需求是什么。大部分人并不清楚自己真正想要的或需要的是什么。不过，只需细心地做一点准备工作，就能直接开口，提出需求。

有时候，直言真相似乎不太友善，尤其在分享不太好听的信息或反馈时。但实际上，顾左右而言他才是不友善的。回避说出真相，假借友善之名而支支吾吾，通常是因为不想让自己不舒服，而非不想让他人不舒服。

直接的、诚实的、直来直往的沟通才是友善的。回避真相对于牵涉其中的任何一方都毫无用处。

练习

在这个练习中，你将认识自身的要求、需要和想要的东西。这是建立健康边界的第一步。读一读下方的示例，然后在下一页列出自己的要求、需要和想要的东西。

要求	需要 / 想要的东西
• 大方地表达感激之情	• 遵守诺言
• 以健康的方式"开展冲突"	• 分担家务
• 没有成瘾的嗜好	• 做事有条理
• 通过肢体语言表达爱意	• 在经济方面负起责任
• 聆听负面反馈	• 关注细节
• 确立明晰边界	• 爱干净
• 平衡给予与索取	• 通过肢体语言表达爱意
• 致力于了解自身	• 有安全感
• 怀有共同愿景	• 积极提升身心健康
• 主动增进情感亲密感	• 主动安排活动
• 尊重彼此感受	• 沟通顺畅
• 倾听我分享的内容	• 共同育儿
• 和我一起玩乐大笑	• 是可靠的队友
• 尊重彼此意见	• 遵纪守法
• 浪漫	
• 不死板	
• 有化学反应及激情	
• 身心健康	

把你的要求、需要和想要的东西填入下方空白处。学习沟通技巧 28 时，你将会用到这份清单。

你对另一半的要求	你在亲密关系中需要 / 想要的东西

沟通说明

捍卫要求、需要和想要的东西时，你觉得哪些最轻松，哪些最困难？当你需要拒绝时，哪些因素能让你更容易地说"不"？

技巧 **28**

提出你的需求

❀ 在亲密关系中，评判
对方会妨碍你们支持
彼此。认识这一点。

❀ 明确你的需求。

❀ 练习说出需求，明确
地把需求提出来。

　　如果处于一段健康的关系中，双方彼
此信任，你是可以提出自己的需求的，你
的伴侣也可以提出他／她的需求。你们能
敞开心扉，分享感受，而无须担心被对方
评判。关系稳固的伴侣能够自如地帮助彼
此，相互支持，而不会评判对方。

　　遗憾的是，在亲密关系中，许多人难
以向伴侣寻求帮助与支持。我们不愿展露
脆弱的一面，担心在伴侣眼中变得弱小无
助。然而对于彼此相爱的两个人来说，见
证对方的脆弱时刻并帮助对方，才是建立
深度联结的最快方式。

练习

现在，你已经知道了自己有哪些要求、需要和想要的东西，是时候把它们告诉伴侣了。从你的清单中选择三个"需要／想要的东西"，将它们填入下方以"我"为开头的陈述句中，提出需求。

- 我需要更多的 _____（需要）。我发现，当这个需要没被满足时，我会觉得 _____（感受）。你可以 _____（请求）吗？
- 我知道我之前 _____（感受）。我想这是因为我需要更多的 _____（需要）。如果 _____（请求），我想会有帮助。
- 我最近脾气不太好，我想是因为我在 _____（地点）需要更多的 _____（需要）。我希望你能 _____（请求）来支持我。

沟通说明

想象一下，使用上述一个句式向伴侣提出要求，你的身体会有什么反应？你会有哪些感受？这些感受意味着什么？

技巧 **29**

迁就、逃避或反抗

目 标

❀ 识别你最常使用的应对方式：迁就、逃避还是反抗。

❀ 使用一些方法，停止这样的应对模式，有意识地做出选择。

发现边界需要调整时，我们往往会采取防御性行为，具体表现为迁就、逃避或反抗我们在意的人。迁就伴侣时，我们会安抚对方的心情，希望他／她能开心，以此避免冲突或不适；逃避意味着我们不再与伴侣沟通，不再坦诚相待，而是沉默以对，从而避免冲突或不适；反抗伴侣意味着我们会咄咄逼人，希望掌控局面，以此获取权力压倒对方。反抗伴侣的目的同样是避免冲突或不适。虽然这三种行为都是为了自我保护，但结果却都会让双方变得生疏。

练习

　　找一个舒服的地方，和伴侣一起坐下来，做几次深呼吸。想一想，伴侣身上有哪些你欣赏的优点。准备好后，向对方提出下列问题，并在空白处做些笔记。

在"在亲密关系中寻求帮助"这一点上，你从家人身上学到了什么？或者说，他们为你做了什么样的示范？	
当你需要帮助时，我做些什么能让你更轻松地向我寻求帮助？	

在哪些时候，你注意到
了我在逃避或反抗你?

沟通说明

　　本周每天观察一下，自己会在哪些小事上迁就、逃避或反抗伴侣，
记录自己的默认模式及习惯，建立自我认知。一周后回顾记录，看一看
自己有哪些常见的行为模式?

技巧 **30**

运用正念，解决冲突

目　标

❀ 将正念运用到建立边界的练习中。

❀ 边界需要调整时，你的内心会发出信号。留意这些信号。

　　通过正念练习，我们能够建立更稳固的亲密关系。情绪波动时，运用正念能有效地平复情绪。正念能帮助我们更敏锐地察觉身体信号，有助于我们认清自身在冲突中最需要的事物。学会这个技巧后，你将能运用正念来处理困难谈话。

运用正念，破解困难谈话

讨论有难度的话题时运用正念，更有可能把自己的观点传达给对方。开启谈话前，想一想自己的目的、观点及潜在解决方案。以下是运用正念的步骤。

1. **认清谈话目的。**明确自身目的，才能从沟通中获取所需。把目的和对沟通的预期写下来。

2. **问问自己："我对要沟通的这件事情有哪些想法？"**想一想，这件事情对你而言意味着什么。描述事件时，以"我"为开头进行陈述，比如"我觉得很难受，昨天晚上我们不欢而散"。

3. **这件事情让你有哪些感受？**把它们列出来。认识自己的感受，能让伴侣对你的经历产生更强烈的共鸣。

4. **想象伴侣对这件事情会有哪些想法？**努力换位思考。

5. **想象伴侣的感受。**这件事情会让伴侣产生哪些感受？挑战自己，与伴侣共情。

6. **思考你和伴侣能在哪些方面达成共识。**你们有哪些共识？什么样的解决方案能满足双方的需求？

7. **以开放心态（初学者心态）看待此次事件。**也就是说，要保持开放心态和好奇心。即使你和伴侣已经多次沟通过这个话题，但或许依然能获得新的信息。

完成以上步骤后，你或许就会发现，已经不再需要和伴侣进行这次谈话了。如果还是想和伴侣谈一谈，你也会更富有同理心，更能体谅对方。开始谈话前，不要忘了进行正念呼吸，再做几次腹式深呼吸。审视自己的身体，是否有哪里感到紧张？呼吸时关注这些部位，缓解紧张后再开启谈话。

练习

本周如果遇到困难谈话，请尝试运用正念。给自己打分（1分为"还需要努力"，5分为"非常成功"），看看自己是否很好地遵循了正念的步骤。观察一下，哪些步骤较易实施，哪些步骤较难完成。

那些能轻松完成的步骤，或许已经融入了你的"默认模式"；那些还不太熟悉的步骤，可以多加练习。

沟通说明

识别自己不常使用的方法和技巧，努力在这些方面提升自信，这能让我们觉察自身的默认沟通模式。推动自己跳出舒适区，尝试使用你通常在默认模式下不会使用的方法或技巧。问问自己：

❀ 我最依赖哪些沟通方法及技巧？

❀ 下周我能如何挑战自己，使用一个不太熟悉的技巧？

亲密关系中的问题（以及如何就这些问题进行沟通）

第二部分

没错，你的亲密关系是独一无二的，但部分关键矛盾是大多数伴侣所共有的，比如性生活、事业、财务状况、家庭、朋友以及家中杂务。你与伴侣最大的矛盾是否就是以上某一种？在亲密关系中，大部分伴侣都会因其中的至少一个因素产生矛盾。

这一部分我将通过在咨询工作中遇到的真实案例，分析引发伴侣矛盾最常见的问题。（为了保护来访者隐私，且这些问题出现频率极高，我会把不同的故事糅合在一起，更换人名，并隐去具体细节。）

我将为你剖析这些常见的亲密关系问题，从伴侣双方的视角以及我的视角（亲密关系专家及旁观者）进行探讨。

接下来，我们将运用在第一部分学习的技巧来处理这些问题，改善你和伴侣的关系。我会引导你进行练习，日后如果遇到相似的场景或冲突，你将不再束手无策。

第

7

章

亲密时刻

性爱问题是伴侣间最常见的问题之一，也往往是最难以启齿的问题。在本章中，我们将深入探讨我在咨询工作中遇到的最典型的性爱问题，并使用第一部分的技巧来处理它们，消除大家对性爱的偏见。

欲望消退

　　凯蒂和基拉的生活似乎一帆风顺。去年为了新事业，他们从艾奥瓦州搬到了西雅图，住在市中心的美丽公寓里。他们相识于大学二年级。当了两年的朋友后，基拉向凯蒂表白，两人随即陷入热恋。在一起五年后，他们各自的事业也将开花结果。

　　两人的感情一直很好，但在搬家和新工作的双重压力下，基拉的性爱欲望直线下滑。他们本以为，等新生活安顿好后，问题将迎刃而解，但这种状况已经持续一年了。基拉总是无视凯蒂，而凯蒂对此已心生厌倦。凯蒂的耐心越来越少，于是他们来到了我的咨询室，寻求"性爱问题"的解决方法。

怎么回事

很明显，凯蒂对现状不满。处于凯蒂境况的一方，往往会因为在性爱方面向伴侣施加压力而感到内疚。若被反复多次拒绝，还会产生强烈的被排斥感。处于基拉处境的一方，通常也会承受巨大压力，觉得自己被审视，还可能对性爱感到厌恶。一个人承受了过重的负担时，性爱只会变成又一个必须完成的任务。

压力大的伴侣往往是最没有激情的。在人生的重大转折点（毕业、搬家、开始新工作等），凯蒂和基拉承受了巨大压力，性爱欲望消退很正常。每一对关系长久的伴侣都会经历性爱欲望的起起伏伏。在我们的文化中，性爱欲望消退表明关系出了问题，但这并不完全正确。即使是关系最健康、感情最深厚的伴侣，性行为的频率也是时高时低的。无须因为性爱上的一点小疏离而感到困扰。

解决问题

1. 开始前，快速审视一下双方的身体及心理状态。饿吗？累吗？如果饿了或累了，请先满足这些基本需求，约定稍晚的时间再沟通。
2. 找一个安静的、不被打扰的地方。离开家去公园走走，或者在车里沟通，都是不错的选择。
3. 使用技巧 11 "获取情感同意" 开启谈话，明确地建立情感同意，将谈话导入积极方向。

4. 使用技巧 16 "从相互指责到承担责任"。不要相互指责，想一想，自己的哪些行为使彼此在性爱上变得疏远，并承担起责任。

5. 回顾技巧 2 "识别情绪反应"和技巧 3 "学习打断情绪反应"，重新了解自身需求，理解在沟通时表现出的情绪反应。

6. 逐步使用下列技巧：技巧 21 "打造提升亲密感的安全空间"、技巧 22 "培养身体上的亲密感"、技巧 23 "培养情感亲密感、精神亲密感和智识亲密感"、技巧 24 "培养功能性亲密感或家庭亲密感"，以及技巧 25 "确认亲密关系中的亲密感需求"，更具体地谈论你和伴侣对于亲密感的需求。

⊙ **小贴士**

不要忘了感情中关系稳固的那些部分，或许可以使用这些强项，来改变你们的疏离状态。

沟通说明

在性爱方面，每个人都有自己的 "刹车因素"与 "油门因素"。了解这些因素能够改善性爱关系，增进伴侣双方的性爱体验。

了解哪些因素会为你的性爱欲望踩下刹车，比如环境、感官、想法或性幻想。把这些因素告诉伴侣，目的在于陈述自己的欲望，而不是指责对方。

没有性生活

里安娜与马特尔生活在圣路易斯市，备受身边人的尊重。他们育有两个孩子，塔莎（6岁）和凯文（8岁）。他们爱自己的孩子，也把彼此视作最佳队友。里安娜和马特尔是社交圈内的中心人物，会策划募捐，组织活动，还会在节假日举办聚会，邀请一众好友参加。他们十分恩爱，总是手牵着手，笑意盈盈地看向对方。他们积极乐观，大家都喜欢和他们做朋友。

里安娜与马特尔既热心又优秀，是一对极有魅力的夫妻。然而其实早在三年前，他们就已经没有了激情，感情也因此走上了下坡路。周围的人如果知道了，一定会大吃一惊。不知道从什么时候开始，他们的性爱频率逐渐降低，两人都不清楚该如何重燃激情。

他们以前的性生活十分美满，而现在，这对备受喜爱的伴侣似乎已经忘记该如何重新拥有那样的生活。

怎么回事

如今许多伴侣日程繁忙，他们都经历过无性生活。把工作、志愿者活动、研究生课程、孩子等事务排在性生活前面，这再正常不过了。有时候，这种状态会持续数年。我在咨询中经常碰见这样的伴侣。大多数伴侣会把无性状态隐瞒得很好，让周围的人都以为他们过着完美生活。这些伴侣私下苦于无性生活，却有口难言，而外界的误解也让他们倍感孤独。还有一个问题在于，他们以为无须努力，总有一天能重新过上性生活，但事实并非如此。

与大家相信的谬见相反，性关系要想经得起时间的考验，也是需要用心培养的，就和健康的亲密关系中的其他部分一样。生活越忙碌，就越难（越需要）腾出时间，与彼此定期进行感官上、情欲上的交流。

解决问题

1. 开始前，快速审视一下双方的身体及心理状态。饿吗？累吗？如果饿了或累了，请先满足这些基本需求，约定稍晚的时间再沟通。

2. 找一个安静的、不被打扰的地方。离开家去公园走走，或者在车里沟通，都是不错的选择。

3. 连续一周练习技巧 2 "识别情绪反应"，用心留意身体的细微反应。当你来了兴致，愿意向伴侣展露爱意时，身体会告诉你。

留意自己的需求，你便能更好地利用这些时刻。

4. 使用技巧 8 "表达感激之情，提升情感亲密感"，就性爱体验与性幻想向伴侣表达欣赏与感激之情。不做爱时，和对方一起回忆过去愉快的性经历，共同进行性幻想，这能让大多数伴侣重燃激情。同时也要花些时间，通过肢体语言向对方表达爱意。这一点十分重要，能够化解性爱僵局。

5. 使用技巧 4 "停止扭曲的想法"，想一想，自己的想法是否妨碍了性爱生活。即使是表现得最乐观向上的伴侣，比如里安娜和马特尔，也会陷入扭曲的思维模式，需要不时地清理这些想法。

⊙ 小贴士

大胆定下一个 "性爱日" 或 "爱抚日"，为这一天留出固定时间，专注与伴侣建立身体上的亲密感，让双方都感到愉悦。

沟通说明

有的人或许难以拥有真正的自信，而自信正是性感的核心因素。即使是看似生活完美的伴侣，也可能面临这样的问题。他们对自己的标准十分高，总觉得自己做得还不够好。

本周观察一下，哪些因素能让你觉得自己是性感的。把这些因素列出来后，每天选择一个，花些精力提升自己的性感度。

分享新的性幻想

38 岁的布里充满自信，她环游世界，阅读任何能提升自我的书籍，而以前的她不是这样的。布里在成长过程中受到的宗教教育严重压抑了她的性爱欲望。她付出了许多努力，探索内心的羞耻感，克服自身局限。如今，她终于能享受努力的成果了。

布里开始在网上寻找伴侣，希望能有时间去探索、享受新的自我。当她看到帕特里克时，就如干柴遇上了烈火。她马上就把交友软件抛到了脑后，和帕特里克走到了一起。

在第一次性爱体验中，布里发现这个男人与众不同。和帕特里克在一起时，布里能轻松地做真实的自己。但是，她也热衷于探索新的性快感。她该怎么告诉帕特里克才不会把他吓走呢？

怎么回事

许多人很难和伴侣分享自己新的性幻想或性爱好。但是，探索性爱的新领域是我们生活中的正常部分，也是一个重要部分，应该和伴侣分享。布里和帕特里克需要创建一个空间，双方不会对彼此妄下评判，以便更轻松地谈论各自的性需求。

在人的一生中，拥有新的、不同的性爱好，这再正常不过了。确保你和伴侣能抽出时间，探索性爱的新领域，跟上彼此的欲望步伐。

解决问题

1. 开始前，快速审视一下双方的身体及心理状态。饿吗？累吗？如果饿了或累了，请先满足这些基本需求，约定稍晚的时间再沟通。

2. 找一个安静的、不被打扰的地方。离开家去公园走走，或者在车里沟通，都是不错的选择。

3. 使用技巧 6 "创造安全空间，呵护彼此的脆弱"和技巧 11 "获取情感同意"，为沟通奠定清晰基调，明确自己的意图，就沟通的话题表达同意。敞开心扉时，哪些因素能让你们感受到被支持？关注这些因素。

4. 使用技巧 12 "建立情绪词汇表"以及技巧 13 "学习同理心沟通技巧"，帮助伴侣了解并认同你的性幻想，即使他们没有相同的性幻想。

好的伴侣不一定要与对方拥有相同的性幻想。对于某种性行为，一方可能会比另一方抱有更强烈的好奇心。在伴侣表达时，你只需不做评价。

很多时候，人们虽然抱有某种性幻想，但并不打算付诸实践。伴侣的性欲望对你意味着什么？在下结论前，请先明确在性幻想、性游戏、性语言方面，你的伴侣希望体验到何种程度。

沟通说明

当你与伴侣就性爱进行沟通时，也可以使用技巧 29 "迁就、逃避或反抗"。谈论性时，观察一下，你在什么时候会迁就伴侣，什么时候会逃避，什么时候会反抗？此类防御性行为对你有什么帮助？什么时候会对你有帮助？它们又会对你造成哪些阻碍？什么时候会造成阻碍？

问题 **4**

欲望疲劳

　　亚当走进我的咨询室时，似乎相当急躁。他和叶蕾卡曾拥有双方都满意的性生活，但那已经是三年前的事情了。渐渐地，他们不再经常地爱抚打闹，性生活频率从一周数次降低至一个月数次，后来更是变成了以季度为单位。来找我之前，亚当觉得他们已经尝试了一切方法。他和叶蕾卡的步调总是不一致，他总觉得叶蕾卡在抗拒他。

　　叶蕾卡毫不隐瞒地表示，她的欲望确实有所下降。她说她和亚当的感受相同。尽管她发出性爱邀约的次数减少了，但她认为亚当对性爱的兴趣也不如当年。每当叶蕾卡察觉到亚当提不起兴趣时，也就不愿再提出做爱的想法。直到如今，她已几乎不再尝试了。

怎么回事

随着时间推移，伴侣不再激情满满。这种情况叫作"欲望疲劳"，十分常见。解决办法其实很简单，最重要的是清晰、直接、诚实、友善地谈论性。能大方地说出自己的欲望，不做评价，也不施压；在性爱过程中，主动征求对方同意，能与对方讨论可否改变性爱计划或性姿势，而无须担心自尊心受挫。这样的伴侣往往已经做好了准备，应对性生活中一定会发生的变化。

另一个重要因素在于，伴侣双方都应具备独立人格，有强大的关怀自己、管理压力的能力。具有主体能动性、自信心、创造力且懂得放松的伴侣，更能挖掘出性爱的能量。

许多人难以与伴侣谈论性爱话题。他们觉得这么做是有风险的，会展露自己脆弱的一面，甚至害怕在面对面沟通时，自己的欲望会被激发。想一想在什么样的环境下，你最能敞开心扉，诚实地和伴侣分享你的性经历及性欲望。

解决问题

1. 开始前，快速审视一下双方的身体及心理状态。饿吗？累吗？如果饿了或累了，请先满足这些基本需求，约定稍晚的时间再沟通。
2. 找一个安静的、不被打扰的地方。离开家去公园走走，或者在车里沟通，都是不错的选择。

3. 如果你们的关系与亚当及叶蕾卡的类似，可以首先使用技巧 21 "打造提升亲密感的安全空间"，为性爱亲密感的沟通打下良好基础。留意一下，哪些因素能让你放心地、舒服地谈论性？

4. 完成上一步后，找出能让双方觉得性感、自信、放松、愿意敞开心扉的因素。了解这些因素，为建立亲密感做好准备。

⊙ 小贴士

许多人在性爱关系方面有一个误区，认为性爱问题都是自身的问题。想一想，有哪些客观原因导致了你与伴侣间的性爱问题？尽量把关注点放在这些客观因素上，不要把性爱问题归结于自身缺陷（见技巧 14 "区分想法和感受"）。

如果需要大量练习，才能放松地、直白地谈论性需求，不要担心，这很正常。挑战自己，时常和伴侣谈论你的性需求，提升这方面的技能，更好地关爱自己。

沟通说明

本周就性话题与伴侣进行沟通。不要等到性生活与预期不符时，才想起解决性爱问题，而应在双方都无意进行性行为时，就着手解决问题。沟通性爱问题与沟通亲密关系中的其他问题一样，不要将性爱问题特殊化。这样在解决性爱方面的问题时，你们才不会有那么沉重的情感负担。

糟糕的性爱

涅科和卡伊第一次一起参加波纳罗音乐节，他们已经期待一年了。两人为此攒了钱，规划好了行程，盼望着能享受一趟愉快而神奇的音乐节之旅，增进彼此的感情。

音乐节的第一天，他们尽情狂欢喝酒。卡伊白天喝了太多酒，疲惫不堪，涅科则觉得自己被忽略了。晚上，卡伊想早点休息，先回到帐篷；涅科多喝了几杯，才走进帐篷。两人喝了许多酒，又玩到半夜，许多细节已记不清了。反正，他们那一晚的性行为很不顺利。两人情绪爆发，吵了起来。具体吵了些什么，他们也不太记得了。

他们只记得，那一晚的性爱十分糟糕，双方心里五味杂陈。他们一直无法解开这个心结。

怎么回事

许多伴侣都经历过不愉快的性爱时刻，并羞于谈论这些时刻。创造一个安全的环境，谈论不愉快的性爱经历，这是消除误会、理清困惑的最佳方式。性爱问题不仅和性爱有关，根源往往在于沟通、安全感、亲密感以及自我关怀的边界感等问题。

解决问题

1. 开始前，快速审视一下双方的身体及心理状态。饿吗？累吗？如果饿了或累了，请先满足这些基本需求，约定稍晚的时间再沟通。
2. 找一个安静的、不被打扰的地方。离开家去公园走走，或者在车里沟通，都是不错的选择。
3. 使用技巧6"创造安全空间，呵护彼此的脆弱"以及技巧21"打造提升亲密感的安全空间"，建立安全的沟通通道，谈论这个微妙的话题。

⊙ **小贴士**

研究表明，冲突以怎样的方式爆发，也往往会以相同的方式结束。富有同理心、不抱偏见地就微妙话题展开沟通，能让双方在交流过程中一直抱有同理心。

> **沟通说明**
>
> 回想一段你觉得伴侣真正理解了你的经历。当时对方采取了哪些行动，让你有这样的感觉？

第

8

章

事　　业

对事业的激情与追求是
我们生活中最大的乐趣之一。
人们渴望对社会做出贡献，
创造价值，而工作满足了这
些需求，并让我们得以养家
糊口。这一章将探讨，当我
们投入工作中时，亲密关系
会受到哪些影响。

个人目标不明确

成年后，萨沙就一直在全职工作。她能完成自己设下的一切目标。在目前这家公司，萨沙即将迎来入职10周年纪念日。她知道应该为自己感到骄傲，可却觉得有些困惑。这种困惑情绪已远超其他情绪。

"我怎么变成了今天这个样子？"她在我的咨询室里问道，"就好像在大学里选了一个专业，然后就一直被带着跑。这15年来，我从来没有仔细思考过我的工作。我甚至不知道这是不是我想要的生活。"

萨沙在工作中迷失了自己，亲密关系也受到了影响。路易斯是萨沙的伴侣，他注意到萨沙最近有些心不在焉，他希望萨沙在约会时能全神贯注。但是，萨沙在家庭生活中也很迷茫，这令他们双方都感到困惑、失望，并产生了疏离感。他们的问题在床上最为显著，萨沙完全提不起欲望，这也是促使他们来到咨询室的最根本原因。

怎么回事

许多伴侣走进我的咨询室时都很沮丧，他们觉得伴侣在家里对很多事情并不上心（包括但不限于性爱方面）。很多人都表示，虽然和伴侣共处一室，却觉得对方没有真正陪在自己身边。对方可能在打电话，或在思考工作，没有用心相处。

性生活不和谐是生活压力的副产物，我见过许多这样的伴侣。压力之下，我们极难拥有愉悦感，也很难和自己的身体建立联结。找到方法，化解双方的压力，这非常重要。这样一来，伴侣双方才能更关注彼此，也更关注自身。

回到萨沙的例子。萨沙在工作中感到不安，缺乏激情，这个问题必须解决。问题解决后，萨沙才能在家中找回激情。每当我讲述亲密关系中的愉悦感及欲望时，许多听众都表示，他们在生活里本来就没有太多欲望，也没有性爱欲望和激情。找到自身的欲望及激情，是与伴侣重燃激情的首要步骤。

解决问题

1. 开始前，快速审视一下双方的身体及心理状态。饿吗？累吗？如果饿了或累了，请先满足这些基本需求，约定稍晚的时间再沟通。
2. 找一个安静的、不被打扰的地方。离开家去公园走走，或者在车里沟通，都是不错的选择。

3. 使用技巧 21 "打造提升亲密感的安全空间"，提升自己与伴侣的安全感，处理双方在身体亲密感上的需求。

4. 伴侣双方，尤其是处在萨沙境况中的一方，可花些时间，专注练习技巧 2 "识别情绪反应" 及技巧 26 "知道何时需要调整边界"，真正聆听自己的需求，更好地在家庭及工作中建立起边界。

⊙ 小贴士

改善与伴侣的关系时，为自己找一个心理治疗师或心理教练是非常有用的。一方承受压力往往会导致双方发生矛盾。因此，在个人层面上拥有外界支持，能使你更好地和伴侣携手向前。在萨沙的例子中，她或许可以从亲密关系导师、教练、心理治疗师或事业咨询师处获得帮助。

沟通说明

在压力演变成巨大问题前，如果能和伴侣聊一聊在管理压力时有哪些需求及期许，是非常有益的。你们可以问问对方下列问题：

❀ 我怎么能知道你感到有压力？

❀ 你感到有压力时，我怎么做才能更好地支持你、鼓励你？

❀ 如果我觉得你的压力过大，担心你的状态，我应该以什么方式让你知道我的担心？

❀ 我做些什么能帮助你减轻压力？

职业生涯与成就

　　阿曼达和亚当的狗狗日托中心刚刚开张时，他们的初心仅仅是喜爱狗狗，希望从事能让自己开心的工作。没想到，他们这个简单的梦想竟然发展壮大成了一家集狗狗美容、日托、宠物训练等业务于一身的公司，在三个州设有多家分店。

　　他们的成功是毋庸置疑的。但亚当开始怀疑，他的生活就止步于此了吗？这让阿曼达感到焦虑。她不知道亚当仅仅是想退出公司，还是也考虑着要离开她。

怎么回事

对于这对伴侣而言，事业上的成功是他们身份认同感中的一部分。阿曼达和亚当的生活及工作过度地纠缠在了一起（过度认同）。咨询中，我帮助他们解开了部分缠结。一同工作的伴侣往往很难拥有各自的人际关系和兴趣。创造空间，让双方能够独立于彼此，自主行事，并重视个人空间。长此以往，独立性才能自然地存在于你们的关系中。

解决问题

1. 开始前，快速审视一下双方的身体及心理状态。饿吗？累吗？如果饿了或累了，请先满足这些基本需求，约定稍晚的时间再沟通。

2. 找一个安静的、不被打扰的地方。离开家去公园走走，或者在车里沟通，都是不错的选择。

3. 使用技巧 12 "建立情绪词汇表"、技巧 14 "区分想法和感受"及技巧 15 "进一步提问"，为沟通建立框架，投入感情，就"职业转换"和"改变共同工作的方式"等话题进行沟通。

沟通说明

问问伴侣：

❀ 我做些什么能支持你变得独立？

❀ 我做些什么能帮助你在自己身上多花些时间？

❀ 我做些什么能在支持你变得独立自主的同时，和你保持紧密联结？

问题 **8**

事业的意义

　　布兰登永远是派对上最风趣幽默的那个人。所有人都认为，有布兰登的派对才有活力。他常常在公司举办派对，担任司仪。17 年来，玛丽也乐于做布兰登身边的"配角"，陪他出席各种派对。

　　但最近，布兰登在派对上谈笑风生时变得有些刻薄。玛丽在非营利组织工作，布兰登总是话中带刺，拿玛丽的工作取乐。于是他们会提早离场，避开大家去争吵。玛丽开始觉得，布兰登并不尊重她的工作。

怎么回事

布兰登或许还没有意识到，他开的玩笑背后其实隐藏着一丝不安全感。他看着自己渐渐衰老，而玛丽看上去却一年比一年更年轻。布兰登担心总有一天，玛丽会觉得自己不再迷人。

然而在玛丽眼中，布兰登的冷嘲热讽不仅是不迷人的特质，而且造成了更大伤害。在咨询中，我的目标是消除布兰登对亲密关系的疑虑，帮助他修复他的"幽默"对这段关系所造成的伤害。

我还和他们聊到了事业的意义。他们对自己的工作都怀有深深的不安全感。布兰登担心他的工作无法为社会留下有价值的东西。他嫉妒玛丽能如此投入工作，服务社会。玛丽则表示，她一直都因为两人的收入差距感到不安。她担心年纪大了以后，两人的退休金额度相差太大，布兰登会因此怨恨她。

在家庭收入贡献、事业价值及事业意义等方面，大多数人都怀抱着复杂情绪。我们很容易会把自身的不安全感倾泻在伴侣身上。敞开心扉，诚实地沟通这些话题，可以让你们增进理解，避免误会。

解决问题

1. 开始前，快速审视一下双方的身体及心理状态。饿吗？累吗？如果饿了或累了，请先满足这些基本需求，约定稍晚的时间再沟通。

2. 找一个安静的、不被打扰的地方。离开家去公园走走，或者在车里沟通，都是不错的选择。

3. 使用技巧13"学习同理心沟通技巧"、技巧18"暂停沟通，思考后再重启对话，以消除误会"以及技巧19"诚恳地道歉"，向对方道歉，弥补自己过往在言语上造成的伤害。

4. 回顾技巧27"区分要求、需要和想要的东西"及技巧28"提出你的需求"，想一想，日后如何用不同方式处理问题。

⊙ 小贴士

有的时候，人们会通过嘲讽来掩饰自己的伤痛和不安全感。了解了背后的原因后，你可能会同情他们，但你依然可以要求他们改变这种行为。即使你同情并理解了伴侣为什么要冷嘲热讽，但你也确实受到了伤害。

在亲密关系中，幽默感是平息冲突的绝佳工具，嘲讽与调侃则是火上浇油。注意不要让幽默"走偏"了。

沟通说明

本周花些时间，思考下列关于工作及幽默感的问题：

❋ 你在什么时候会因工作、收入或事业价值而感到不安？为什么？怎么做才能更多地和伴侣沟通这些话题？

❋ 你为伴侣的工作、事业价值或社会贡献感到骄傲吗？为什么？问问他／她，你以何种方式表达这份骄傲是让他／她觉得舒适的？

❋ 在成长过程中，你的家人是如何运用幽默的？情绪激动时嘲讽、调侃对方或开对方的玩笑，在这一方面，你的家人教会了你什么？

❋ 你的经历与伴侣的经历有哪些异同？

未来展望及长远规划

　　萨迪从小就憧憬乡村生活——救助救助比特犬，种种西红柿。后来，她认识了若埃勒。若埃勒和萨迪一样，喜欢广袤的乡村，乐于为小动物们找个家。萨迪因为遇到了若埃勒而十分激动。

　　可是，当他们开始在俄勒冈州东部寻找房子时，若埃勒却紧张了起来。他知道她想去乡下生活，但他还没有准备好，而萨迪已经完全准备好了。

　　若埃勒突然感到紧张不安，这让萨迪开始怀疑，若埃勒是否真的和她拥有相同的未来规划。同时，萨迪也质疑起了亲密关系中的其他部分。

　　若埃勒则开始思考自己到底想要什么。是什么让他犹豫不前？他也怀疑起自己究竟多了解自己。若埃勒思考着关于自身的重大问题，萨迪也需要若埃勒的承诺与安抚，这让若埃勒更困惑了。

　　他们来到我的咨询室，希望找到双方都能接受的折中办法，直到做好搬去乡下的准备。

怎么回事

未来规划发生改变，伴侣的决心有所动摇，这很常见。做出重大的人生决定，面临变化时，若有一方感到紧张，没有关系。生活有所变动，伴侣双方会以不同的方式感到紧张，要学会对此做好预期。对紧张感有所预期，将其视作变化中的正常部分，这样一来，我们在解决问题时就能更加包容彼此。

我帮助这对伴侣构建了新的未来规划，设立了里程碑。携手向前时，若达到了里程碑，他们便能庆贺一番。这么做能重建信任，增强伴侣间的凝聚力。

解决问题

1. 开始前，快速审视一下双方的身体及心理状态。饿吗？累吗？如果饿了或累了，请先满足这些基本需求，约定稍晚的时间再沟通。
2. 找一个安静的、不被打扰的地方。离开家去公园走走，或者在车里沟通，都是不错的选择。
3. 使用技巧 1 "认识自身的默认模式"，更好地理解自己在亲密关系中的默认模式。这么做能让你更明确地向伴侣阐述自己的观点，或许还能从对方的角度看问题。
4. 了解自身底线后，使用技巧 6 "创造安全空间，呵护彼此的脆弱"及技巧 7 "不做评价，保持好奇心"，更富有同理心地就生活中的变化进行沟通。

⊙ **小贴士**

关系健康的伴侣能够适应生活中的变化。生活有所变化，并不意味着亲密关系也出了问题。如果你能以开放心态应对挑战，保持好奇心，恪守承诺，便说明你在成长。

沟通说明

每一对伴侣都需要有一个为之共同努力的目标，小到听一场演唱会，大到憧憬一起变老。这个目标不一定很宏大，但它隐含着一层意思：双方愿意共度未来时光。

拥有共同目标，与伴侣携手组成更强大的团队向这个目标进发，这样一来，你在这段关系中便会安心许多。如果还没有为亲密关系设定目标，现在就行动起来。有哪些你想和伴侣一起做的事情？列一份愿望清单，找到共同目标，比如旅游、学习深造、体验生活，以及人生中的重要事件。现在就和伴侣一起为之努力，或是做好规划吧。

透明、诚实与信任

　　"劳丽就是不喜欢他，我也不知道为什么。"小夏在第一次咨询时这样对我说，"克里斯已经尽力在劳丽面前表现了，能做的都做了，但劳丽对他一直很冷淡。"劳丽是小夏交往时间最长、最好的朋友，克里斯是小夏的男朋友，劳丽和克里斯的关系从开始的彬彬有礼，发展为了无法化解的僵局。

　　这让小夏左右为难。和劳丽见面时，小夏会欺骗克里斯，以免与男友爆发冲突。但小夏并不喜欢撒谎。

　　克里斯凭直觉就能知道，小夏对他有所隐瞒。这让他感到不安、嫉妒。他怀疑小夏是不是还有更多的事情瞒着他。

怎么回事

小夏需要在感到安全时，才能毫无恐惧地把和劳丽见面的事情告诉克里斯。克里斯应该更好地接收这些信息。即使不喜欢劳丽出现在生活中，也要接受这种不适感。在一段亲密关系中，伴侣需要为失望留出空间，并能接受失望；否则，他们很可能会开始欺骗对方，从而避免不适。

如果你和伴侣在亲密关系中有欺瞒行为，就表示你们的边界需要调整了。想一想，你需要对方怎么做，才能放心地坦白所有事情。当伴侣习惯了相互欺骗，如果没有专业人士的帮助，这种问题是很难彻底解决的。

解决问题

1. 开始前，快速审视一下双方的身体及心理状态。饿吗？累吗？如果饿了或累了，请先满足这些基本需求，约定稍晚的时间再沟通。

2. 找一个安静的、不被打扰的地方。离开家去公园走走，或者在车里沟通，都是不错的选择。

3. 使用技巧 1 "认识自身的默认模式"、技巧 2 "识别情绪反应"及技巧 3 "学习打断情绪反应"，处于困难谈话中时，更好地理解彼此的默认沟通模式。

4. 处于克里斯境况的一方，可以使用技巧 14 "区分想法和感受"，看一看自己对劳丽一方的想法和感受各是什么。

5. 处于小夏境况的一方，可以使用技巧 18 "暂停沟通，思考后再重启对话，以消除误会" 以及技巧 19 "诚恳地道歉"，对自己的欺骗行为负责，并向朋友及伴侣保证，日后将坦诚相待。

⊙ 小贴士

每一对伴侣对隐私、信息透明度及保密程度都有不同理解。如何处理欺瞒行为，没有统一标准。至于在哪里划定边界，你应和伴侣达成一致，这很重要。

沟通说明

问问伴侣：

❀ 哪些信息是我可以保密、不让你知道的？

❀ 我怎么做能让你更安心地和我分享信息？

改变计划

　　阿莱娜想改变职业方向，却不敢告诉伴侣杰夫。阿莱娜经营着两家美发店，负担着家里的经济开支。她已经做好了转行的准备。最近，她因工作的事情非常焦虑。

　　杰夫一直为阿莱娜的事业感到骄傲。在阿莱娜的年纪，经营一家美发店已经很不容易，更别说两家了。杰夫对自己的工作不太上心，但庆幸拥有稳定的薪水和社会福利金。最近，他开始考虑重返校园，但又担心如果不能继续为家里提供医疗保险，会让阿莱娜失望。

怎么回事

我见过许多伴侣在做决定时会感到迷茫，这是因为他们在沟通前没有想清楚自己的目的。事情往往是这样的：你向伴侣提起了一个话题，这个话题引发了对方的焦虑情绪，导致他／她也以焦虑的心态回应，而没有给予你想要的支持。如果你想避免上述矛盾，在开启谈话时就应该明确意图。

阿莱娜和杰夫在为牵涉双方的事情做决策时，往往没有明确自身意图。他们都倾向于逃避矛盾。也就是说，他们在很长一段时间内都不会发生冲突。但偶尔爆发争吵时，一系列的怨言就会浮出水面。

与伴侣沟通时要明确你是寻求建议，还是希望对方和你一同做决定。要让伴侣知道，什么时候你需要的仅仅是支持，什么时候你希望他／她能和你一起寻找解决方案。

解决问题

1. 开始前，快速审视一下双方的身体及心理状态。饿吗？累吗？如果饿了或累了，请先满足这些基本需求，约定稍晚的时间再沟通。
2. 找一个安静的、不被打扰的地方。离开家去公园走走，或者在车里沟通，都是不错的选择。
3. 回顾技巧 12 "建立情绪词汇表" 及技巧 13 "学习同理心沟通技巧"，

为可能会发生的困难谈话做好准备。

4. 使用技巧 9 "识别无法解决的冲突"，在开始沟通时明确你的意图。

5. 使用技巧 11 "获取情感同意"，明确沟通目标。你是希望征得伴侣的同意，让他/她给予建议，还是希望对方以其他方式支持你？在亲密关系中，明确目标，才能更好地向目标进发。

⊙ **小贴士**

记住，如果你和伴侣做决策（无论决策大小）的方式不同，都没有关系。但是要懂得明确自身意图，和伴侣就决策进行有效沟通。

沟通说明

和伴侣坐下来，聊一聊下面的问题：

❀ 回想一个你很好地应对了变化的例子。是哪些因素让你能够顺利地应对变化？

❀ 计划改变时，你是如何处理的？

❀ 如果生活中出现了不确定性，我能如何支持你？

❀ 你的人生激情是什么？你希望通过工作创造什么样的价值？

❀ 我能如何支持你的职业梦想和事业激情？我能如何支持你的创造性的工作？

财务状况

亲密关系中，财务问题尤难处理。我们的自我价值感在很大程度上是与事业及收入绑定的。本章我们将谈一谈亲密关系中最常见的财务问题，并运用第一部分中提到的技巧解决它们。

原生家庭的金钱观念

　　亚里克丝成长在一个上层中产家庭。她从来不认为自己家有多富裕。和达拉开始认真交往后，她才意识到，他们的成长环境极为不同，因此在亲密关系中沟通金钱事务时，他们也有着不同方式。

　　在成长过程中，亚里克丝从来没有听过父母谈论金钱。她家的经济压力不大，父母在孩子不知情的情况下，就能解决好所有经济上的问题。达拉则对家里的经济状况了如指掌。父母什么时候手头宽裕，什么时候手头紧张，他都知道。为钱烦恼时，达拉的父母也会坦诚相告。

　　亚里克丝和达拉在其他方面都很和谐，但只要一谈起金钱话题，情绪就会爆发。于是，他们来到我的咨询室。

怎么回事

这对伴侣在金钱话题上的沟通能力有所差异，有三个关键原因：①父母的做法，②是否习惯于接触财务信息，以及③是否习惯于谈论金钱。亚里克丝极少接触金钱，而达拉从小就知道，经济问题对于一个家庭来说是多么大的难题。

在金钱、信息分享及财务决策方面，大部分伴侣都有着极为不同的默认模式。了解彼此的默认模式，才能缩小沟通上的差异，组成运转更顺畅的财务团队。

你与伴侣对待金钱的态度有所差异，这种差异本身并没有错；但你要确定可以和伴侣分享自己的偏好及不安，增进理解，以免产生裂痕。

解决问题

1. 开始前，快速审视一下双方的身体及心理状态。饿吗？累吗？如果饿了或累了，请先满足这些基本需求，约定稍晚的时间再沟通。
2. 找一个安静的、不被打扰的地方。离开家去公园走走，或者在车里沟通，都是不错的选择。
3. 重温技巧6"创造安全空间，呵护彼此的脆弱"，与伴侣聊一聊，在沟通敏感的金钱话题时，怎么做才能让彼此感到安心。

4. 在深入探讨更微妙的话题前，使用技巧 17 "理解冲突模式"，增进对彼此的冲突模式的理解。

5. 向伴侣表达金钱方面的顾虑与不安时，让他／她试着使用技巧 12 "建立情绪词汇表"及技巧 15 "进一步提问"，真正地、富有同理心地聆听你的话语。一方这么做的时候，能让另一方感受到被倾听、被理解。

⊙ **小贴士**

在我们的文化观念中，关系和谐的伴侣应该把财产放在一起。但是几乎没有数据表明，相较于将部分财产分开，共用财产的做法是更好的。在成功的亲密关系中，并没有通用的财务管理方法。我们能做的就是，在和伴侣共同做出决策时，保持自信及头脑清醒。

沟通说明

想一想自己的成长经历与伴侣的有什么不同？回答下列问题，和伴侣分享自己的成长经历。

✤ 在成长过程中，哪些事物是充沛富足的？

✤ 在成长过程中，哪些事物是刚刚够的？

✤ 在成长过程中，哪些事物是不充足的？

财务决策与财务大权

在金钱方面，玛吉一直十分谨慎。从大学毕业后的第一份工作起，她就开始存钱，信用评级近乎完美。她的男朋友杰里米则没有那么小心，在金钱上吃过不少大亏。

玛吉和杰里米正考虑把钱放到一起，共同负担房租、买车。但他们一直谈不拢，越聊越崩，以至于需要中间调停者帮助他们解决问题。于是，他们走进了我的咨询室。

怎么回事

面对金钱，玛吉和杰里米有不同的应对策略。他们都没有错，只是需要找到一个平衡点，避免双方因金钱问题感到不安，造成误会，进而产生裂痕。

把自己的钱和伴侣的钱放到一起时，部分人会感到极度脆弱。在决定这么做之前，你们需要好好讨论一下，解决双方各自的担忧，保证这么做不会让任何一方感到不适。同时也要思考，对于你们双方而言，"把钱放到一起"具有什么意义，为什么这个决策很重要。合并财务并不是必需的，尤其当这件事情在你的舒适区之外。即使没有共同账户，也还有许多其他方法能让你们正式确立亲密关系。

解决问题

1. 开始前，快速审视一下双方的身体及心理状态。饿吗？累吗？如果饿了或累了，请先满足这些基本需求，约定稍晚的时间再沟通。
2. 找一个安静的、不被打扰的地方。离开家去公园走走，或者在车里沟通，都是不错的选择。
3. 使用技巧 10 "即使有所疑虑，也要全心信任"及技巧 8 "表达感激之情，提升情感亲密感"，向对方表示感激，为沟通定下积极基调。

4. 运用技巧 12 "建立情绪词汇表"及技巧 15 "进一步提问",提升沟通的整体质量。

5. 回到技巧 7 "不做评价,保持好奇心",尝试从对方角度看问题。

⊙ **小贴士**

沟通金钱话题时,明智的做法是留出思考与收集信息的时间。确保你和伴侣拥有充足的时间完成上述步骤,这样才能做出对的决定。

沟通说明

问问自己,如果把钱放到一起,你有哪些期望和担心?

🕸 与伴侣共同负担家中开支,对于你个人及你们双方而言,各有哪些好处?

🕸 如果把钱放到一起,在意外开支、利润及规划开支等方面,你们会如何做决策?

🕸 如果独立管理各自账户,在意外开支或未来开销上,你们打算如何征求对方的意见?

家庭贡献

卡姆登的内心一直住着个艺术家。他积极投身于艺术运动，富有创造力与远见。这也是约拉爱上他的原因。去年，卡姆登丢了正职工作。他们都认为，这是老天在让卡姆登把更多精力投入到艺术创作上。

卡姆登有了时间，参与了许多艺术项目。起初，他们都为此感到兴奋。但没过多久约拉就发现，卡姆登把艺术工作排在了家庭责任之前。她想支持卡姆登的新事业，但同时，她也希望卡姆登能在家务方面给予她更多支持。

怎么回事

大部分伴侣都无法就"对家务分配的预期"进行有效沟通。生活发生变化时，家务分配也会有所变化。这个时候，预期不明晰的问题就会突显。没有明确的边界及预期，双方很快就会怨声连连。

如果你不认为自己承担了过多家务，那么你很可能做得还不够。家务分配非常合理的伴侣，双方都会觉得自己承担的超过了50%。

想一想，自己在家务活动中扮演了什么角色，承担了哪些责任。分配家务时，评估各自的强项、在意的事项以及兴趣点；不要假定双方"应该"做什么，也不要用"义务"来压迫彼此完成家务。

解决问题

1. 开始前，快速审视一下双方的身体及心理状态。饿吗？累吗？如果饿了或累了，请先满足这些基本需求，约定稍晚的时间再沟通。

2. 找一个安静的、不被打扰的地方。离开家去公园走走，或者在车里沟通，都是不错的选择。

3. 重温技巧20"履行承诺，建立信任"，清楚地说出你对伴侣有哪些暗含的期望及承诺，再对比一下你明确说过的期望及承诺。

4. 回顾技巧24"培养功能性亲密感或家庭亲密感"，思考双方是如何建立功能性亲密感的，从而有效地加深亲密感。

5. 与伴侣讨论技巧 16 "从相互指责到承担责任"，这个技巧与分担家务责任相关。使用技巧 19 "诚恳地道歉"，以便你日后能和伴侣达成新的共识。

⊙ **小贴士**

随着生活的变化，你在某些家务上投入的时间与精力也会有所不同。确保你和伴侣能够定期重新按需分配家务。

沟通说明

和伴侣坐下来，讨论下列问题：

✿ 你的父母是如何分配家务的？

✿ 公平的家务分配应该是什么样子的？

✿ 在打理屋子、汽车及其他共同家务方面，你的强项是什么？

✿ 你真正的弱项是什么？哪些家务是你无法胜任的？

✿ 如何知道自己承担的家务部分需要调整？

第
10
章

家　庭

伴侣的家人（姻亲）经
常会导致伴侣关系紧张，在
我们的文化中，这一点众所
周知。本章将探讨原生家庭
为亲密关系带来了哪些问题。
我们将看几个常见的生活场
景，并使用沟通技巧解决你
生活中的类似问题。

姻亲及家庭规则

　　周日晚上，瑞安和米歇尔会去米歇尔姐姐塔娜家吃饭。他们总为此闹不愉快。在餐桌上，每人要轮流聊聊当周的新鲜事，表达感激之情。瑞安觉得塔娜"也不是不好，只是很奇怪"。瑞安在塔娜家很难完全放松，不愿在那里待太久。

　　米歇尔很喜欢姐姐，希望能在她家多待一会儿。自己最亲密的两个人无法和谐相处，米歇尔觉得很伤心。瑞安和塔娜见面时十分尴尬，而且是在具有特殊意义的家庭节日聚会上，这让米歇尔很不舒服。

怎么回事

瑞安和米歇尔的姐姐塔娜相处不来，或许有几个原因。可能是因为双方的家庭规则不一样。瑞安的家人爱说爱笑，吵吵闹闹，还喜欢互相开玩笑。在他家里，大家会公开地、直接地处理矛盾。甚至在矛盾发生的当下，就会立刻处理。瑞安很少与家人团聚，但只要他们聚在一起，就会听歌、喝酒、玩游戏，热热闹闹，感情很好。

相较于瑞安的家庭氛围，塔娜家的周日聚餐及节日聚会则要克制得多。瑞安在塔娜家感到不自在，是因为他觉得那里秩序井然，大家都不流露感情。其实，米歇尔每次去瑞安家时，也会因为那里的喧闹而感到不适，只是她没有告诉瑞安。

两个家庭并没有对与错。要和姻亲和谐相处，就要努力理解他们的家庭规则。不同的家庭有着不一样的规则，就像不同的国家有着不一样的习俗。有的时候，我们觉得别人家的家庭规则很奇怪，仅仅是因为我们不熟悉而已。尝试带着好奇心和学习的态度，去了解姻亲家中的习惯与做法，不要做评价。理解对方的家庭规则时，心态越开放、越包容、越有好奇心，就越有可能找到共同点或闪光点。虽说如此，但当你感到不舒服时，仍然可以随时建立边界。

解决问题

1. 开始前，快速审视一下双方的身体及心理状态。饿吗？累吗？如果饿了或累了，请先满足这些基本需求，约定稍晚的时间再沟通。

2. 找一个安静的、不被打扰的地方。离开家去公园走走，或者在车里沟通，都是不错的选择。

3. 使用技巧6"创造安全空间，呵护彼此的脆弱"及技巧11"获取情感同意"，营造安全环境，就敏感话题进行沟通。

4. 伴侣双方都应练习技巧7"不做评价，保持好奇心"，思考一下，自己对对方家庭是否会妄下评论，有所误解；这么做是否对你与姻亲的关系造成了阻碍。

⊙ **小贴士**

不要忘了，姻亲虽然不是你选择的家人，但依然是你的家人。想想办法，与他们尽可能地愉快共处，至少和平相处。回顾技巧3"学习打断情绪反应"，在不得不与姻亲接触时，准备好自我安抚的技巧；使用技巧26"知道何时需要调整边界"，与姻亲建立起清晰的边界。

沟通说明

记住，随着时间的推移，边界也会发生改变。回想一下，哪些人际关系边界随着你的需要发生了改变？回答下列问题，与伴侣分享你的答案：

❀ 你是怎么知道是时候调整这些人际关系中的边界的？

❀ 你能如何利用相同的感知来提醒自己，是时候改变目前关系的边界了？

和家人的边界

贝丝和姐妹的关系一直很亲密，她们习惯互相分享所有事情。贝丝和贾森在性生活上出了问题时，贾森让贝丝许诺保守秘密。一个周末，贝丝与姐妹们聚会，被拷问婚后生活如何。几杯酒下肚，贝丝含糊地表示，她和贾森在床上不太和谐。

回家后，贝丝向贾森坦承了事情的经过。贾森暴怒，觉得很尴尬，还说不想在圣诞节见到贝丝的姐妹了。

怎么回事

在咨询工作中，我极少能看到在"秘密及隐私"方面拥有清晰边界的伴侣。这种疏忽很常见。我建议大家和伴侣谈一谈此类话题，不要自以为是地行动，避免产生误会。面对自己的家人时，伴侣双方往往会对隐私边界有着不同理解。

解决问题

1. 开始前，快速审视一下双方的身体及心理状态。饿吗？累吗？如果饿了或累了，请先满足这些基本需求，约定稍晚的时间再沟通。

2. 找一个安静的、不被打扰的地方。离开家去公园走走，或者在车里沟通，都是不错的选择。

3. 如果你也遇到了类似情况，那么在和伴侣的家人建立起边界前，首先要修复你们两人之间的信任问题。使用技巧 18 "暂停沟通，思考后再重启对话，以消除误会"以及技巧 19 "诚恳地道歉"，向对方道歉，重建信任。

4. 重新建立起信任后（可能需要花些时间），使用技巧 26 "知道何时需要调整边界"。

5. 回顾技巧 27 "区分要求、需要和想要的东西"及技巧 28 "提出你的需求"，建立健康而明确的边界，避免类似问题再次发生。

⊙ **小贴士**

如果你的家庭问题尤为棘手，可以先着手治愈其他伤痛。

沟通说明

与伴侣共渡难关时，对所学所感进行反思尤为重要。解决了一个亲密关系的问题后，挑战自己，思考一下，你从这次经历中学到了什么？

❀ 关于自己，你学到了什么？

❀ 关于伴侣，你学到了什么？

❀ 了解了自己目前的做法是否正确后，在未来，你会采取哪些不一样的做法？

信息分享与隐私

　　乔斯与同事阿莉森关系紧密，宛如一对"工作夫妻"。乔斯的妻子奎安娜从不反感他们的关系，直到去年夏天。一次下班后，大家本要一起聚餐喝酒，最后却只剩下了乔斯与阿莉森两个人。阿莉森婚姻不顺，她习惯于从乔斯身上获取支持，极度依赖乔斯。

　　奎安娜知道，乔斯和阿莉森没有什么，她百分之百信任乔斯。但奎安娜认为，无论是她还是乔斯，都不应该和朋友谈论婚姻问题。她觉得乔斯对阿莉森说了太多他们婚姻中的事情。

怎么回事

伴侣双方对隐私有不同诉求，这很常见。实际上，这是伴侣矛盾的高发地带。一方觉得另一方向外人透露了过多信息，另一方则觉得对方太过保守。我建议伴侣设立一个"信息保险箱"，列出清单，明确哪些事情是双方都认为不应该告诉外人的（心理咨询师除外），比如各自的过往病史、性弱点或不安全感。我建议伴侣列出这份清单，明确哪些事项应被存放在保险箱中，包括那些显而易见的事项（"不征得你的允许，我永远不会把你的痛苦经历告诉别人"）。

此外，了解伴侣的朋友也是一种了解伴侣的方式。把重点放在伴侣身上，而不要过多打听对方的朋友。不要问"她是怎样的人"，而应该问"你们有什么共同点"。如果过于关注朋友，就错失了一个与伴侣建立联结的好机会。

解决问题

1. 开始前，快速审视一下双方的身体及心理状态。饿吗？累吗？如果饿了或累了，请先满足这些基本需求，约定稍晚的时间再沟通。

2. 找一个安静的、不被打扰的地方。离开家去公园走走，或者在车里沟通，都是不错的选择。

3. 在谈论如此敏感的话题之前，使用技巧 30 "运用正念，解决冲突"，让自己做好准备。

4. 重温技巧 26 "知道何时需要调整边界"，明确哪些信息是你愿意与他人分享的，建立边界，和伴侣就这个话题进行有意义的沟通。

5. 使用技巧 15 "进一步提问"，让双方都能明确自己的边界，达成共识，更自信地携手向前。

⊙ 小贴士

我们通常认为边界是固定的，但其实，边界会随着时间的推移与我们共同成长、共同进化。能够应对边界变化的伴侣，才能长久共处。

我见过许多伴侣，他们都以为（有时是误以为）彼此对"一夫一妻制""不忠""友谊与爱情的微妙界限在哪里"等话题有着相同见解。我建议大家和伴侣聊一聊这些话题，确保双方认知一致。

沟通说明

和伴侣一起创建一个"信息保险箱"，明确哪些话题、过往经历及事项是你希望保密的。把"在没有征得对方同意前就不能向外透露的事项"全部列出来，具体一点。

此外，你们可以找一个安全的情绪出口，在需要时寻求支持，比如心理治疗师或心理教练，这些人是会保守秘密的。

不同的社交需求

卡莉性格外向。高中时，她曾担任多个运动队的队长。如今除了工作以外，她还牵头了大量志愿者项目。她热衷于结交乐于平衡工作与生活的朋友，喜欢把大家聚在一起，并为此感到骄傲。因此，她常常外出参加各种活动，与朋友待在一起。

尼尔性格内向，他尊重卡莉的社交需求，但更愿意待在家里，陪陪狗，读读喜欢的书。用他的话来说："我是个安静的男人。"

他们尊重彼此的需求，但他们希望的共处方式大相径庭，两人因此产生了分歧。尼尔不明白，卡莉为什么要把那么多的时间花在外面，卡莉则希望尼尔能喜欢上她的社交活动。

怎么回事

伴侣双方的默认模式有所差异，这个案例很典型。他们对于社交的最低需求不一样。外向或内向都没有对错，只是喜好不同而已。

默认模式有极大差异时，我们往往会陷入评价对方的心态。如果不使用技巧来化解，这种心态将发展为对对方的怨恨。

伴侣双方有不同程度的社交需求，这非常常见。如何处理这个问题？定期查看未来一周的安排，与伴侣讨论你将参加什么样的社交活动。这样一来，你就能在让人过度兴奋的聚会之前或之后，安排一些与伴侣共处的安静时间。而且如果对方选择不参加某个活动，你也来得及找个朋友陪你一起去。

记住，亲密关系健康与否，不在于双方是否拥有同样的性格（外向或内向），而在于你们能否支持彼此去满足各自的社交需求。

解决问题

1. 开始前，快速审视一下双方的身体及心理状态。饿吗？累吗？如果饿了或累了，请先满足这些基本需求，约定稍晚的时间再沟通。
2. 找一个安静的、不被打扰的地方。离开家去公园走走，或者在车里沟通，都是不错的选择。

3. 运用技巧 13 "学习同理心沟通技巧"、技巧 14 "区分想法和感受"
   及技巧 15 "进一步提问"，练习换位思考。

4. 运用技巧 9 "识别无法解决的冲突"，了解这个冲突能否解决。

5. 重温技巧 7 "不做评价，保持好奇心"。妄下评论会让你们变得
   疏远，不要评价对方。

⊙ 小贴士

　　练习技巧时，挑战自己，保持开放心态，仔细聆听伴侣的回答。学会任何新的技巧都需要练习。你从错误中吸取的教训越多，就能越娴熟地运用这些技巧。

沟通说明

　　有的时候我们无法理解伴侣。这个时候，我们的想法与说法都会以自我为中心，而较少考虑对方。下一次，当你发现你在对伴侣进行负面解读时，问一问自己，你对伴侣的不满中，是否有一部分内容是更以自我为中心的?

与伴侣坚定地站在一起

　　从安妮卡父母家出来后，尼尔斯和安妮卡往往会爆发争吵，一直吵到回家。安妮卡的妈妈总以消极攻击的方式挑尼尔斯的毛病。每次提及安妮卡的妈妈，这对伴侣就感觉身处对立的阵营之中。近来，他们搬到了离安妮卡父母家更近的地方，每周日都要去那里吃晚饭。于是，这成为一个不容忽视的问题。

　　他们觉得去父母家吃晚餐是义务，但不喜欢这种紧张的氛围，彼此疏离。

怎么回事

斯坦·塔特金（Stan Tatkin）是一位享有盛名的伴侣治疗师，他提出了"精神生物学伴侣治疗法"（psychobiological approach to couples therapy，PACT）。塔特金谈到，有一种感受叫作"伴侣气泡"——和伴侣坚定地站在一起。面对外人时，"伴侣气泡"会受到挑战，而我们能通过微小的动作来让另一半安心，向他／她表明"我和你站在一起"。提醒自己，这种"团队合作"精神对于一段亲密关系而言十分重要，这么做能让你开始主动地强化这种感受。

如果某种情况或某些人常常会挑战你的"伴侣气泡"，那就尽量和伴侣一起为这些情况做好准备。和伴侣聊一聊，当身处这样的情况中时，有哪些方法能为彼此撑腰。在尼尔斯和安妮卡的例子中，他们需要找到方法，在家庭聚餐上与对方坚定地站在一起，让"伴侣气泡"更加坚固。

解决问题

1. 开始前，快速审视一下双方的身体及心理状态。饿吗？累吗？如果饿了或累了，请先满足这些基本需求，约定稍晚的时间再沟通。
2. 找一个安静的、不被打扰的地方。离开家去公园走走，或者在车里沟通，都是不错的选择。
3. 重温技巧6"创造安全空间，呵护彼此的脆弱"，明确在面对你们之外的人时，什么样的支持是有意义的。

4. 使用技巧 8 "表达感激之情，提升情感亲密感"，温柔地和伴侣重新建立联结，向伴侣确认你和他 / 她站在同一边。

⊙ 小贴士

亲密关系的健康程度不由冲突频率决定，而由冲突造成的影响的严重程度决定。研究表明，许多频频发生冲突的伴侣其实感情深厚，彼此忠诚，十分恩爱。他们和关系失败的伴侣的差异在于，是否有能力在不伤害感情的前提下解决冲突。

沟通说明

有许多方法能让你们的"伴侣气泡"更加稳固。与另一半聊一聊，你在什么时候会感受到对方真切地给予了你支持？那时发生了什么？对方说了什么或做了什么？你的身体有什么感觉？这件事对你来说意味着什么？

第 11 章

共同的家

开启同居生活，共同打
理家务，这个时候，伴侣们
将面临数个常见问题。本章
将讨论同居生活中五个最常
见的挑战及解决方法。

问题 **20**

承担家务的默认模式

　　兰斯开始后悔和布里塔妮搬到一起住了。他本来希望，在新家能过上愉悦、放松的生活，和布里塔妮能平均分摊不太有趣的家务。但不知怎么的，现在只有他在打扫公寓了。布里塔妮似乎看不见家里有多乱。如果布里塔妮再不做自己分内的家务，兰斯甚至不知道这段关系是否还能维持下去。

　　而布里塔妮不明白，兰斯为什么会因为家中的各种小事而不开心。在她看来，家里挺干净的。她觉得自己做了不少家务。布里塔妮希望兰斯能听听她的想法。她不想把周末花在打扫卫生上（兰斯最近就这么提议了），而想做些别的事情。

怎么回事

许多伴侣在同居前没有聊过对家务的预期，也不知道彼此在家务方面有哪些强项。搬到一起后就会惊讶地发现，双方对整洁度、安静度及其他因素的偏好都有所不同。

要想解决这个问题，我建议伴侣探究一下，在"干净程度"及"与他人共享空间"这两个话题上，双方的默认模式是什么样子的，往往能有不少收获。

回到兰斯与布里塔妮的例子上。很明显，他们的成长环境相差甚远，这使得他们有极为不同的打理家务的方式。兰斯父母每周都会安排家政保洁上门打扫，而布里塔妮小时候居无定所，有时还会到妈妈的朋友家中借宿。在打扫卫生方面，布里塔妮没有太多责任感。没有人告诉过她该如何打理两人共同的家。

解决问题

1. 开始前，快速审视一下双方的身体及心理状态。饿吗？累吗？如果饿了或累了，请先满足这些基本需求，约定稍晚的时间再沟通。
2. 找一个安静的、不被打扰的地方。离开家去公园走走，或者在车里沟通，都是不错的选择。
3. 使用技巧 10 "即使有所疑虑，也要全心信任"。以友善包容的心态开启谈话，这么做往往能转变沟通的整体基调。

4. 练习技巧 26 "知道何时需要调整边界"，了解什么时候需要调整边界。

⊙ 小贴士

记住，每个技巧都需要练习。即使是看起来十分简单的技巧，也需要在不带情绪的情况下多次练习。这样，当你处于微妙或紧张的情况中时，才能在自身的默认应对模式中充分使用这些技巧。

哪些家务更重要？与伴侣持有不同观点没有关系，但要富有同理心地去看待这些差异，从而理解对方。

沟通说明

与伴侣探讨家务责任时，先把所有家务都列出来。给这些家务打个分，按照重要程度，从 1 到 10。必须马上解决的打 10 分，完全不紧急的打 1 分。

观察哪些家务对于一方很重要，对于另一方则没有那么重要。了解这些家务为什么重要。明白其中原因后，便能对对方多一分理解，增进家庭和睦。

不关注也不更新家务分担模式

　　刚在一起时，拉塔莎还在读研，而特雷每周工作60小时，通勤时间很长。拉塔莎写论文，时间灵活，承担更多的家务合情合理。

　　10年后，他们有了两个孩子，职业也发生了变化。拉塔莎一周出门工作四天，而特雷是咨询师，居家办公。拉塔莎要打扫卫生，准备一日三餐，哄孩子睡觉，还要为第二天的工作做准备，每天都忙到很晚。她希望特雷能多做一些家务，但不知道提出哪些要求才算合理。她向特雷请求帮助时，特雷要么看上去很抵触，要么在做家务时仍需要她的帮助。因为在很长一段时间里，拉塔莎一直是独自负责所有事务的那个人。

怎么回事

许多伴侣在亲密关系中会复制父母的角色。拉塔莎的母亲就会承担起不应由她承担的责任，即使在公婆家也是如此。而拉塔莎在不知不觉中也"继承"了母亲的角色。

拉塔莎是出了名的完美主义者，这一点她和特雷不一样。特雷会参与育儿，对拉塔莎也很爱护，但两人的家完全是按照拉塔莎喜欢的方式打理的。当特雷试图做些家务时，拉塔莎总会责怪他，还会从他手中抢过已经做了一半的家务活儿。特雷觉得拉塔莎看不起自己，于是便不再在家务上给予支持。

拉塔莎陷入了两难境地。一方面，她希望特雷能分担家务；另一方面，她又不愿放弃对家中事务的掌控权。

大多数伴侣都会像拉塔莎和特雷一样陷入默认模式。他们对默认模式没有思考，或对这种状态毫无察觉，直到生活发生了变化，曾经运转良好的模式不再适用。定期反思自身需求，并了解伴侣的需求，才能走在"痛苦与埋怨"的前面。随着时间的推移，你们在家务上的强项也会有所改变，要根据自身强项调整家务分配。

解决问题

1. 开始前，快速审视一下双方的身体及心理状态。饿吗？累吗？如果饿了或累了，请先满足这些基本需求，约定稍晚的时间再沟通。

2. 找一个安静的、不被打扰的地方。离开家去公园走走，或者在车里沟通，都是不错的选择。

3. 家务问题是个敏感话题，首先使用技巧 3 "学习打断情绪反应"，区分你的想法和感受。在一起时间很长的伴侣往往在家务方面有错误认知。你们可以先着手清理这些错误认知。

4. 重温技巧 26 "知道何时需要调整边界"，让自己能够更快地意识到边界需要调整。

5. 使用技巧 28 "提出你的需求"，向伴侣更明确地提出需求。

⊙ 小贴士

维系一段健康的亲密关系，同时还要打理好一个家，这很难做到。在成年人的亲密关系中，家务是导致冲突的最大原因之一。很多人都被难以开口谈论家务问题所困扰。若是长期忽视家务问题，一方会开始对另一方产生怨言。不要让这种情况发生在自己身上。

沟通说明

我向来访者推荐的最有效的解决方法之一是，定期就家务的管理与分配进行讨论。一周讨论一次，话题包括日程安排、经济状况、共有资源及家务分配。

定期沟通此类家务话题，便能在约会之夜好好享受。在讨论时，你们能全身心地投入讨论当中，而不会觉得对方在唠叨自己；同时可以检查一下自己是否还适合负责某一项家务活动。

和伴侣聊一聊，怎么才能定期安排类似讨论。据我所知，能够长期坚持此类讨论的伴侣，在一周中爆发小冲突的次数会降低 50%。

不承担责任，不履行承诺

莱娅泡完茶，就把用过的茶包放在台面上。车里也有不少莱娅留下的垃圾。这让道恩很受不了。有的时候，莱娅似乎对道恩并不上心。比如说，即使知道道恩在家办公，莱娅也只买自己的午餐；即使知道道恩不喜欢金枪鱼的味道，莱娅做好金枪鱼三明治后也不会马上洗碗。

道恩的怨气越积越深，看不惯的事情越来越多，而莱娅对此一无所知。莱娅能感受到道恩最近对她有些冷淡，但不知该如何化解局面。

怎么回事

　　道恩和莱娅缺少担责机制，有了这个机制就能解决问题。道恩有许多看不惯的事情，但几个月来，他一直逃避与莱娅沟通这些敏感问题。逃避不是办法，小的不愉快只会越积越多。在小问题还没有扩大之前，道恩就应该找出它们，解决它们。而莱娅应该多关心伴侣，了解道恩的感受，这样两人才能步调一致。就算莱娅无法与道恩达成共识，但至少莱娅可以换位思考，承认道恩的不舒服，让道恩知道他们站在同一边。

解决问题

1. 开始前，快速审视一下双方的身体及心理状态。饿吗？累吗？如果饿了或累了，请先满足这些基本需求，约定稍晚的时间再沟通。

2. 找一个安静的、不被打扰的地方。离开家去公园走走，或者在车里沟通，都是不错的选择。

3. 处于道恩的境况中的一方，可以使用技巧 10 "即使有所疑虑，也要全心信任"，以友善包容的心态去理解伴侣的行为。同时，回顾技巧 16 "从相互指责到承担责任"，承担自己在冲突中的责任——向对方隐瞒感受。

4. 处于莱娅境况中的一方，建议重温技巧 13 "学习同理心沟通技巧"，更经常地了解伴侣的想法，换位思考。

5. 双方都可以使用技巧26"知道何时需要调整边界"及技巧28"提出你的需求"，建立起更稳固的边界，学习和伴侣就边界进行沟通，避免重蹈覆辙。

⊙ 小贴士

来访者常常问我："我的担心合理吗？"他们希望得到确认，确认自己的不爽真实存在。然而事实是，无论你的担心合理与否，它都影响了你的亲密关系。如果因此感到困扰，那就把担心坦诚地说出来，让双方能一起理解它、解决它。

有的时候我会听到伴侣一方对另一方说："你的担心是多余的。"不承认伴侣的感受，对你没有任何好处。即使你不同意伴侣的想法，不会和对方用一样的方式处理问题，也要练习承认他／她的感受，尝试换位思考。

沟通说明

回答下列问题，做好准备后，和伴侣分享你的答案：

❀ 描述一次这样的经历：我收到了别人的负面反馈，但最终的沟通结果还不错。

❀ 对方做了什么，让沟通进展顺利？

❀ 我做了什么，让沟通进展顺利？

❀ 什么样的环境让那次沟通富有建设性？

❀ 那次沟通过后，我学到了什么？做出了什么改变？

❀ 在接收反馈方面，我从那次沟通中学到了什么？

❀ 我如何能将那次沟通的收获运用到我们的冲突中？

请求对方做某事时，要管理预期

　　这周，纳迪娅已经提了两次让马歇尔打电话叫水管工人上门。纳迪娅总是得盯着电话打没打，家务做没做，这样才能让家里一切运转正常。她对此感到厌倦。马歇尔总说要做个可靠的伴侣，纳迪娅也知道马歇尔不想再听她唠叨了。在这段亲密关系中，纳迪娅最不想做的事情就是唠叨，但她担心自己正在唠叨的这条路上越走越远。两个人都意识到，纳迪娅的唠叨引发了不少矛盾。于是，他们来到了我的咨询室。

怎么回事

一般而言，没有人喜欢发生这种事情。没有人喜欢唠叨别人；也没有人愿意被迫去事无巨细地管着伴侣，毕竟对方已经是个成年人了。当来访者告诉我问题出在唠叨上时，我就清楚地知道，他们的问题其实出在"承担责任"及"可靠度"上。在信任彻底崩塌之前，我们需要找到方法，解决"不履行承诺"的问题。

伴侣犯了错误，你觉得沮丧，这没有关系。但对于大多数人而言，沮丧感会慢慢地侵蚀信任感，使我们充满怨恨。如果你不希望走到这一步（怨恨是亲密关系的头号杀手），就必须找到方法，重建信赖感。练习与自己共情，要知道在和伴侣一起解决担责问题时，感到沮丧是正常的。与自己共情，才能以柔和的态度与另一半相处。

解决问题

1. 开始前，快速审视一下双方的身体及心理状态。饿吗？累吗？如果饿了或累了，请先满足这些基本需求，约定稍晚的时间再沟通。

2. 找一个安静的、不被打扰的地方。离开家去公园走走，或者在车里沟通，都是不错的选择。

3. 回顾技巧 20 "履行承诺，建立信任"，这是一个好的开始。使用这个技巧，明确对彼此许下的承诺。

4. 下一步，使用技巧 19 "诚恳地道歉"。这一步非常重要。如果你们曾因没有履行承诺、言行不一致、不靠谱等问题发生过矛盾，道歉可以解决这些问题。

⊙ **小贴士**

放过自己，也放过伴侣。我们都是普通人。在一段长期的亲密关系中，一次错误都不犯是不可能的。而不解决争议，也不改正日后的行为，才是真正的问题所在。

沟通说明

回答下列问题，做好准备后，与伴侣分享你的答案：

❋ 使用哪些工具，你能更好地履行承诺，变得更可靠？

❋ 在亲密关系中，哪些因素能让你不夸下海口？

❋ 在什么情况下你会觉得犯错误是安全的？当你把事情搞砸时，伴侣做些什么能让你感到得到了支持？

问题 **24**

积累怨气

"每次吵架，他都会转身走掉。"克里斯蒂娜谈起男朋友尼克时说，"我不知道怎么回事。他什么也不说，默默离开。我也不知道该怎么再提起这个话题。问题从来得不到解决。我俩的问题已经堆成山了。"

我每周都能在咨询室里遇见像克里斯蒂娜和尼克这样的伴侣。每对伴侣之间都有一些敏感话题。在克里斯蒂娜与尼克的案例中，尼克总是迅速地中断沟通，以至于他们也不知道哪些话题是最需要关注的。克里斯蒂娜说，每当她发起对话，希望谈一谈想解决的问题、想提升的方面，甚至仅仅是想探索某个方向时，尼克就会沉默，不再说话。最终，他会吐出一句"以后再聊吧"，然后就缩到自己的工作上或卧室里。

怎么回事

每一段关系中，总有一方在争吵时会比另一方更快地退缩、沉默或采取拖延战术。在这个案例里，尼克就是这样的一方。谈话变得紧张时，一方很快就会感到不舒服，这很常见。克里斯蒂娜不开心，尼克觉得都是自己的责任。所以在他看来，克里斯蒂娜的任何抱怨都是在直接攻击他。

通常而言，"撤退的一方"是在通过封闭自己，避免产生羞耻感或内疚感。但一方退缩得越厉害，另一方就会进攻得越强势。就克里斯蒂娜而言，她要么会大哭，要么会大闹（或大哭大闹）。这样激烈的情绪只会让事情更糟糕。"进攻的一方"声音越大，"撤退的一方"就会退得越远。许多伴侣都切身体会过这样的恶性循环。

在每一段亲密关系中，这样的不良互动或多或少出现过。了解自己通常扮演的是哪一方后，你和伴侣才能知道什么时候需要做出改变，或是暂停沟通，休息一下。

解决问题

1. 开始前，快速审视一下双方的身体及心理状态。饿吗？累吗？如果饿了或累了，请先满足这些基本需求，约定稍晚的时间再沟通。

2. 找一个安静的、不被打扰的地方。离开家去公园走走，或者在车里沟通，都是不错的选择。

3. 使用技巧 17 "理解冲突模式"，画出冲突模式的流程图。你学到了什么？

4. 习惯于退缩的一方可使用技巧 18 "暂停沟通，思考后再重启对话，以消除误会"。退出争吵，缓解压力后，要学会重新与伴侣沟通争议话题。

5. 另一方可使用技巧 12 "建立情绪词汇表"及技巧 14 "区分想法和感受"。在伴侣萌生退缩之意前，学会中止并平复自身的情绪反应。

⊙ 小贴士

聊不下去时，暂停沟通，抚慰自己的情绪，管理情绪反应，这没有任何错。但是要记得重启对话（见技巧 18），确保找到解决办法，不要任由怨气累积。

沟通说明

回答下列问题并思考，与伴侣分享你的答案：

❀ 观察父母的相处模式。在表达怨言方面，你学到了什么？哪些领悟是父母曾公开表露的，哪些是他们未曾说出口的？

❀ 你在什么时候感受到了父母之间的怨恨情绪？怎么感受到的？你觉得他们处理得怎么样？

❀ 你的行为与他们的行为有哪些相似之处？

朋友及其他人

健康的亲密关系需要家人与朋友的支持，才能茁壮成长。但对于多数伴侣而言，处理好朋友、同事及前任的关系并不简单。本章将重点讨论如何处理与他人的关系，才能让你和伴侣更为紧密，而不会变得生疏。

没有独立空间

　　每见到一对新的伴侣，我都会询问他们各自的社交生活。丹妮和亚当的回答与我服务的许多来访者类似："我们从来不单独出去。我们所有的朋友都是两个人的共同朋友。"

　　丹妮和亚当喜欢参加公益活动，还做了些小生意，人脉很广。但是，他们几乎一天24小时都待在一起。两年前结婚后，他们的生活就重叠了，无论是工作生活、家庭生活还是社交生活。

　　虽然全天都待在一起，但丹妮和亚当却觉得彼此越来越疏远。他们希望重燃激情，所以找到了我。他们骄傲地表示，他们是彼此最好的朋友，所有事情都一起做。但直到这一刻，他们也从来没有想过，问题或许就出在"一直黏在一起"上。

怎么回事

愿意和伴侣待在一起，这当然很好。但是，如果想维系一段真正健康的关系，拥有各自的独立空间和自主性是非常重要的。我会让每一对来访者思考他们的时间分配：和伴侣在一起的时间、与他人在一起的社交时间，以及自己独处时间。如果时间分配不平衡（很少有人能平衡分配时间），那就要采取措施解决问题了。

没有足够的独处时间去探索新鲜事物，也没有足够的社交时间与朋友相处，这样的伴侣往往会厌倦彼此，也会厌倦自己。他们需要一些独立空间来保持神秘感（激起欲望的关键因素）。培养自己的爱好，提高独立性，为神秘感留出空间，这能够增进伴侣对你的欲望。是的，就算你的爱好是高尔夫也没有关系。

解决问题

1. 开始前，快速审视一下双方的身体及心理状态。饿吗？累吗？如果饿了或累了，请先满足这些基本需求，约定稍晚的时间再沟通。

2. 找一个安静的、不被打扰的地方。离开家去公园走走，或者在车里沟通，都是不错的选择。

3. 回顾技巧 22 "培养身体上的亲密感"、技巧 23 "培养情感亲密感、精神亲密感和智识亲密感"、技巧 24 "培养功能性亲密感或家庭亲密感"，以及技巧 25 "确认亲密关系中的亲密感需求"。与伴侣讨论，如何能与伴侣以外的人增进智识亲密感、精神亲密感及家庭亲密感，从而让双方都能更好地成长。

4. 使用技巧 7 "不做评价，保持好奇心" 及技巧 8 "表达感激之情，提升情感亲密感"。运用这些技巧，明确自身对于其他人际关系的需要，了解自己希望独立学习、尝试哪些新鲜事物。

⊙ **小贴士**

尽力与朋友及家人保持友好关系。维系此类额外关系需要投入时间和精力，但拥有支持自己的朋友及家人，这样的状态才是健康的。挑战自己，每周联系一个好朋友。

沟通说明

回答下列问题并思考，与伴侣分享你的答案：

❀ 在这段亲密关系中，你在独立性方面做出了哪些妥协？

❀ 在接下来的一个月里，你能如何在感到安全的情况下，找回部分独立空间？

❀ 在接下来的几个星期里，你会把时间和精力花在哪些投资自我的事情上？

朱莉安娜和利奥的第二个孩子出生没多久，朱莉安娜就决定辞去工作了。朱莉安娜一直认为自己是个职业女性。当她发现自己对"做全职妈妈"这个想法竟如此感兴趣时，她也很吃惊。幸运的是，利奥在家办公，时间灵活。因此，他们俩有许多共处时间。

朱莉安娜与利奥的生活一直以家庭为中心。这几年里，他们会觉得有些孤独。他们俩都没有能时常联系的同事，冬天会在家里宅上好几周。

他们与外界隔绝，因此对彼此极度依赖，缺少独立空间及外界支持。在这种状态下，无论是他们自己还是他们的家庭都无法健康成长。

怎么回事

听到伴侣说喜欢对方，关系稳定，我很开心。但许多伴侣会陷入一个陷阱：由于太过喜爱对方而无视了其他人际关系。随着时间推移，他们会与外界隔绝，并为这段关系打造了一个"高压锅"，令高压矛盾无处释放。

过度依赖对方且仅依赖对方的伴侣往往会处于与外界隔绝的状态，在面临挑战时孤立无援。

孩子还小时，伴侣最容易陷入这种状态。他们需要挑战自己，走出家门，通过日托所、育儿小组、玩耍聚会及社区家庭活动，结识其他家庭，打破与外界隔绝的状态。

解决问题

1. 开始前，快速审视一下双方的身体及心理状态。饿吗？累吗？如果饿了或累了，请先满足这些基本需求，约定稍晚的时间再沟通。

2. 找一个安静的、不被打扰的地方。离开家去公园走走，或者在车里沟通，都是不错的选择。

3. 回顾技巧 22 "培养身体上的亲密感"及技巧 23 "培养情感亲密感、精神亲密感和智识亲密感"，明确双方当前的亲密感状态，了解自己希望提升哪种类型的亲密感。

4. 同时，使用技巧 24 "培养功能性亲密感或家庭亲密感" 及技巧 25 "确认亲密关系中的亲密感需求"，与伴侣讨论，在亲密关系之外，可以探索哪些类型的亲密感？如何提升智识亲密感、精神亲密感及家庭亲密感，从而让自己和对方都能更好地成长？

⊙ **小贴士**

尽力和家人及朋友保持联系。维系此类额外关系需要投入时间和精力，但拥有支持自己的家人及朋友，这样的状态才是健康的、有益的。挑战自己，每周联系一个好朋友。

沟通说明

想不到可以联系的朋友？那么是时候交一些新朋友了。参加聚会，加入俱乐部或球队，参加志愿者活动，培养一个爱好，找到志同道合的人。把结交新朋友当作日常生活的一部分。无论到哪里，都要努力地结交新朋友。

让伴侣支持你，比如鼓励你外出；分担家务活，让你有更多的自由时间；帮助你找到并筛选各类活动。

问题 **27**

嫉妒

一天晚上，朱诺看到基思的前任给他发了好几条信息。他们以前就聊过基思的前任。基思说他们没什么，朱诺也相信他。但是看到那个名字出现在基思的手机上，朱诺的不安与嫉妒仍如浪潮般涌来。朱诺明白，基思对她是认真的，他们处于"一对一"的关系中。但她依旧睡不着觉，觉得很闹心。

朱诺告诉我，她觉得自己疯了。理智上，她知道基思和前任没什么。但她的内心总有一块地方感到十分不安与嫉妒。他们一起来到我的咨询室，希望在不侵犯基思隐私、不破坏他和朋友关系的前提下，打消朱诺的疑虑。

怎么回事

许多伴侣都很难开口与现任聊前任。对许多人来说，这个话题很敏感。如果试图和现任聊前任，可能会引起现任的嫉妒，还可能产生误解，容易造成"自己给自己使绊儿"的局面。

我们可能还没有完全从过往的感情经历中走出来，也可能目睹了父母及朋友在感情中犯下的错误而不愿重蹈覆辙，无论如何，对于大多数伴侣来说，嫉妒和不安的情绪都十分容易引发矛盾。

大多数人对过往感情经历闭口不谈。老实说，这个话题确实很难沟通。在伴侣面前，我们很多时候就像一本摊开的书。但谈到前任时，我们就合上了。对前任话题如此区别对待，比坦承过去的感情经历更能激发现任的怒火。

陷入这种困境的伴侣需要找到谈论前任的方法。这种方法应对目前的感情有所助益，不会让现任感到不安。

解决问题

1. 开始前，快速审视一下双方的身体及心理状态。饿吗？累吗？如果饿了或累了，请先满足这些基本需求，约定稍晚的时间再沟通。
2. 找一个安静的、不被打扰的地方。离开家去公园走走，或者在车里沟通，都是不错的选择。
3. 使用技巧 2 "识别情绪反应"和技巧 3 "学习打断情绪反应"，管理自己在这种情况下的情绪反应。

4. 在亲密关系中感到不安或嫉妒时，大部分人都会产生认知扭曲。在和伴侣一起处理这些想法之前，使用技巧 4 "停止扭曲的想法" 和技巧 5 "运用洞察力，管理消极情绪"，明确哪些想法是你真正希望伴侣帮助你去化解的。

5. 使用技巧 28 "提出你的需求"，了解有哪些边界是你想要或需要明确的。

6. 当你准备好主动地、带有明确目的地和伴侣聊一聊过往的感情经历时，使用技巧 9 "识别无法解决的冲突"。

⊙ 小贴士

情绪激动没有关系，但要注意你的行为。情绪激动不意味着你可以随意把消极情绪发泄在伴侣身上。如果你觉得很难以健康的方式管理自身激烈的情绪，可以找一个心理治疗师，帮助你处理情绪反应。

沟通说明

嫉妒是一种正常情绪，关键在于不要无视它。不然的话，嫉妒会演变为怨恨，或导致你与伴侣疏远。花些时间，了解自身的嫉妒情绪，以及你所需要的东西。比如在感到嫉妒时，你可能会想："我打赌，他更喜欢和她相处。" 这种想法或许表明，你需要对方明确地告诉你，他 / 她喜欢与你共处，以打消你的疑虑。

练习技巧 13 "学习同理心沟通技巧"，了解哪些故事或观点最容易引发自身的嫉妒情绪。

问题 28

缺乏安全感

　　布拉德和劳伦在一起将近十年了，两人对彼此非常忠诚，但都认为目前还不到结婚的时候。

　　虽然布拉德知道劳伦很爱他，也只爱他，但他偶尔还是会抑制不住地感到不安，比如劳伦出差的时候。布拉德独自在家，很是寂寞。他想念劳伦，同时也会怀疑，她会不会去找其他人。有的时候布拉德还会想，劳伦会不会哪一天就不爱他了。

　　每当布拉德聊起自己的感受时，劳伦就会很生气："你怎么能觉得我会离开你？"劳伦的防御姿态让布拉德觉得她不关心自己。这个话题聊得越多，劳伦就越沮丧。她没有做错任何事情。每次出差都得安抚布拉德，让他相信自己不会离开他，劳伦对此无比厌烦。

怎么回事

在亲密关系中，一方比另一方更频繁、更强烈地感到不安，这很正常。有的人没有什么原因，就是会缺乏安全感。我遇过不少这样的伴侣。

有许多原因会导致部分人在亲密关系中对不安全感的容忍度较低（在这个例子中，布拉德就是这样的人）。专家指出，焦虑型依恋模式或许在童年时便已形成。幼年时与父母（或看护人）的关系决定了我们的依恋模式。从依恋模式中能够知道，我们余生会如何建立亲密关系。

布拉德对父母的依恋模式很可能是高度焦虑型的。直到今天，当他处于亲密关系中时，他的依恋模式依然如此。劳伦与父母的关系则是疏远而回避的。

很明显，处于布拉德境况中的一方需要以某种方式明确关系。找到一个对于双方都具有意义的方式，使亲密关系具象化，这能提升安全感。可以很正式，也可以具有象征意义，比如举行仪式，或交换戒指。有很多方法可以用来许下承诺，表达深厚的感情。要帮助这对伴侣，就需要知道对于他们而言，哪些事物是具有意义的。

解决问题

1. 开始前，快速审视一下双方的身体及心理状况。饿吗？累吗？如果饿了或累了，请先满足这些基本需求，约定稍晚的时间再沟通。

2. 找一个安静的、不被打扰的地方。离开家去公园走走，或者在车里沟通，都是不错的选择。

3. 使用技巧 8 "表达感激之情，提升情感亲密感"。如果你能熟练、具体地表达感激之情，那么只需通过这一个举动，就能化解对方的不安全感。

4. 回顾技巧 14 "区分想法和感受"，讨论各自对"不安全感"的理解。聊一聊，怎么做才能让彼此更强烈地感受到对方的承诺？

⊙ **小贴士**

哪些具体行为代表我们向对方许下了承诺？许多人可能会觉得，把这些行为说出来傻傻的。不要对这些行为轻描淡写。如果它们对你具有特殊意义，真诚地说出来，与伴侣进行沟通。

沟通说明

重温技巧 2 "识别情绪反应"，回想你在这段亲密关系以及生活的其他时刻曾感受过的不安全感。缺乏安全感时，你的身体有哪些感觉？与伴侣分享你的思考。

不忠

　　拉沙德和阿丽在一起 17 年了。他们最近在谈心时发现，他们都曾短暂地出过轨。阿丽坦承，三年前参加一次会议时，她曾有过一夜情。拉沙德也承认在大约一年前，曾在网上和别人调情，越过了自己与阿丽的"一对一关系"的边界。

　　他们问我，双方都出过轨，是不是应该分手。他们无法理解，为什么两个人互相爱着对方，也很享受在一起的时光，却会双双出轨。他们希望找到能继续走下去的方法，不再出轨。

怎么回事

大多数人发现伴侣出轨后都会认为，这段关系明显该结束了。但实际上，许多人都能与对方继续相处下去，他们也确实这么做了。如果能谨慎地呵护彼此的脆弱，重建信任，那么这对伴侣的关系甚至会比之前更紧密。

根据我的工作经验，许多人之所以会出轨，是因为不同的自我意识起了冲突。他们通过外遇去探索不一样的生活，希望展现出长久埋葬在内心深处的另一个自我。出轨的原因更多是个人问题，较少涉及配偶或出轨对象。

这就是拉沙德和阿丽的情况。拉沙德感觉，他永远无法在阿丽面前展现更年轻的自己。和出轨对象相处时，他才能释放这一面。阿丽则觉得，那一晚上她终于能彻底体验一把自私的感觉，不再需要每时每刻顾虑着家庭责任。

我带领他们完成了下方的步骤，帮助他们继续走下去，这也是他们所希望的。这个过程并不容易。很多时候，他们需要反复练习这些技巧，才能重新建立起信任。没有专业人士的帮助，想从出轨的阴影中走出来是几乎不可能的。我强烈推荐大家找一个心理治疗师，以便在修复信任的过程中获得支持。

解决问题

1. 开始前，快速审视一下双方的身体及心理状态。饿吗？累吗？如果饿了或累了，请先满足这些基本需求，约定稍晚的时间再沟通。

2. 找一个安静的、不被打扰的地方。离开家去公园走走，或者在车里沟通，都是不错的选择。

3. 运用技巧 6 "创造安全空间，呵护彼此的脆弱"。你们希望如何沟通出轨事件？就这一点达成基本共识。

4. 出轨事件往往会引发强烈的情绪反应。运用技巧 3 "学习打断情绪反应"，列出计划，以便在沟通中管理好情绪反应。

5. 使用技巧 13 "学习同理心沟通技巧"，换位思考，理解对方在这件事情中是怎么想的。

6. 使用技巧 10 "即使有所疑虑，也要全心信任"。当自己不再能以友善包容的心态进行沟通时，要意识到这一点，这时应该暂停沟通，稍后再重启对话（参考技巧 18 "暂停沟通，思考后再重启对话，以消除误会"）。

⊙ **小贴士**

完成上述步骤，为沟通营造出安全氛围后，重点关注第 4 章：承担责任及修复关系，重建信任，携手向前。

沟通说明

发生出轨事件，伴侣双方都负有一定责任。虽说如此，背叛的一方仍应谨慎地、明确地对自己的行为承担责任，以修复关系。技巧 19 "诚恳地道歉" 就是个不错的开始。

- 问问自己，当你与出轨对象在一起时，内心的哪些部分被打开了，鲜活了起来？
- 与出轨对象在一起时，你会如何展现出不一样的自己？
- 处于 "一对一关系" 中时，是什么因素让你无法敞开内心的这些部分？

如果你是被背叛的一方，问问自己下面的问题：

- 我与内心的哪些部分丧失了联结？
- 内心的哪些部分是我希望去扩展、去探索、去重建的？
- 我能如何为自己和伴侣创造更多空间，让彼此能在这段关系中展现真实的自己？

结语

我希望你能发现，沟通问题其实非常常见，就连关系健康的伴侣也无法避免。我希望当你解决的沟通问题越多，你就越能理解冲突是正常的、在预料之中的，并不可怕。

双方来到一段关系中，各自的默认模式不同，需求也不明确，但这不意味着我们要一直保持这样的状态。多加练习，深思熟虑后再采取行动，就能提升沟通技巧，让关系更加健康。

关系健康的伴侣会抱着希望去处理冲突，愿意提升沟通技巧，坚定地维系这段感情，比如一同完成本书中的练习。他们知道要专门留出时间与精力去维护感情及信任，这样才能享受爱情中的乐趣和浪漫。

你可以随时重温本书中的练习，调整技巧，或寻求某一特殊情况的处理办法；也可以再次做做里面的练习，让关系更和谐，提升情感亲密感。在关系和睦时不断维系感情，在气氛紧张时才能够更轻松地运用健康的沟通技巧。

你们在推动亲密关系成长及解决冲突方面投入越多，信任及亲密感就会越强烈。增进了信任及亲密感后，沟通不畅的情况便会大大减少。换句话说就是，爱得越深，发生冲突的次数便越少。

附录

情绪

愤怒	悲伤	愉悦	恐惧
不耐烦	精疲力竭	乐意	担心
心存报复	心情灰暗	欣赏	畏惧
怨恨	无助	富有同情心	不安
恼怒	不安	平静	害怕
愤慨	孤独	富有爱心	焦虑
暴躁	忧伤	友善	惊恐
充满敌意	懊悔	嬉戏打闹	忧心
厌烦	心碎	感激	紧张
指指点点	悲痛	有力量	受到威胁
狂怒	眼巴巴	沉思	提防
反感	求而不得	骄傲	小心
憎恶	失望	自信	怀疑
慌张	沉重	精力旺盛	难为情
震惊	焦躁	放松	忧虑
恐慌	沉默寡言	释然	谨慎
气急败坏	悲伤	神清气爽	防御
愤愤不平	气馁	平和	紧绷
急躁	哀痛	振奋	焦躁
不满	泪流满面	受到激励	烦忧
生气	敏感	强壮	胆小
无力	抑郁	勇敢	腼腆
	心灰意冷	激动	恐慌
			惊吓

需求

联结	真实	和平	清晰度
接受	亲密感	安静	能力
喜爱	爱	放松	认知
欣赏	双向付出	美	贡献
归属感	尊重	敬畏	创造力
合作	自我尊重	与自然交融	发现
沟通	安心	灵感	效率
关系紧密	安全感	平等	有效性
团队感	稳定性	和谐	成长
陪伴	空气	秩序	希望
同情心	食物	独立性	学习
体贴	运动	选择	哀悼
一致性	休息	空间	参与感
同理心	居所	自发性	目的
认同感	水	平衡	自我表达
彼此了解	性表达	友谊	激励
彼此看见	身体健康	伴侣	有价值
信任	玩乐	意识	理解
温暖	幽默	意义	正直
诚实	庆祝	挑战	存在感

进一步提问的问题

- 可以再多告诉我一些吗？

- 你认为这件事情有什么意义？

- 这件事情发生时，你有什么感受？

- 这件事情发生后，你有了哪些改变？

- 我想你会觉得 _____。对吗？

- 这件事情对你有什么影响？

- 你这么做／说的意思是什么？

- 从那件事情中，你学到了什么？

- 在那种情况下，你希望会发生什么？

- 你会给自己什么建议？

- 你如何理解这种经历？

- 你这样想以后，发生了哪些变化？

- 关于这件事，你编造了哪些故事？

- 以前你用过哪些方法去处理这个问题？

- 在那种情况下，你的目的是什么？

- 你怎么理解那件事情？

- 如果能经历第二次，你会采取哪些不同的做法？

- 你是如何促成这种状况的？

- 你希望将来能有哪些不同？

- 我能如何支持你？

致谢

我亲爱的雷，如果没有你长久而热烈的支持，我无法完成本书，也无法完成其他任何项目。谢谢你愿意让我们的婚姻成为我这本书的"试验田"。我太幸运了。我爱你。

我可爱的孩子，墨菲和露露，有了你们，我感到充实。是你们让我梦想成真。希望你们长大后能读读我的书，我会很高兴的。

感谢我的父母，鲁迪和雪莉。谢谢你们为我、为威斯康星的数代家庭展现了健康的、充满爱意的沟通方式。能做你们的孩子，我很骄傲。

感谢我可爱的妹妹安吉，谢谢你的耐心。本书里提到的所有温暖宽容的行为，背后的原型都是你。

谢谢我的同事杰夫和朱莉打造了乐趣无穷的播客节目，也谢谢你们在我写作时给予我鼓励。

刚接触这个专业时，许多老师在学业上给予了我支持，尤其是 P. B. 普尔曼（P. B. Poorman）教授和卡米尔·伯塔尼奥利（Camille Bertagnolli）。是他们激励我继续攻读硕士学位，去建造一个更美好的世界。没有他们，就没有我的这本书。

达娜、施图克、凯特、珍妮、凯尔、凯西、埃菲、萨迪，谢谢你们让我体会到爱情之外的情感亲密感的力量。

千言万语，也无法道尽我的来访者对本书做出的贡献。你们能够信任我，这是我的荣幸。谢谢你们愿意让我用你们的故事去激励其他人。

参考文献

全书

Brown, Brené. *Daring Greatly: How the Courage to Be Vulnerable Transforms the Way We Live, Love, Parent, and Lead.* New York: Avery, 2015.

———. *I Thought It Was Just Me (but it isn't): Making the Journey from "What Will People Think?" to "I Am Enough."* New York: Avery, 2007.

Duhigg, Charles. *The Power of Habit: Why We Do What We Do in Life and Business.* New York: Random House, 2014.

Gottman, John M. *The Relationship Cure: A 5 Step Guide to Strengthening Your Marriage, Family, and Friendship.* New York: Harmony, 2002.

Lyubomirsky, Sonja. *The How of Happiness: A New Approach to Getting the Life You Want.* New York: Penguin, 2008.

Fruzzetti, Alan E. *The High-Conflict Couple: A Dialectical Behavior Therapy Guide to Finding Peace, Intimacy & Validation.* Oakland, CA: New Harbinger, 2006.

Perel, Esther. *Mating in Captivity.* London: Hodder & Stoughton, 2007.

Tatkin, Stan. *Wired for Love: How Understanding Your Partner's Brain Can Help You Defuse Conflicts and Spark Intimacy.* Oakland, CA: New Harbinger, 2012.

第一部分

Johnson, Sue. *Hold Me Tight: Seven Conversations for a Lifetime of Love.* New York: Little, Brown and Company, 2008.

Levine, Amir, and Rachel Heller. *Attached: The New Science of Adult Attachment and How It Can Help You Find—and Keep—Love.* New York: Tarcher, 2011.

Rosenberg, Marshall B. *Nonviolent Communication: A Language of Life.* Encinitas, CA: PuddleDancer Press, 2003.

第二部分

O'Hanlon, Bill. *Do One Thing Different: Ten Simple Ways to Change Your Life*. New York: HarperCollins, 1999.

Prochaska, James O., John C. Norcross, and Carlo C. DiClemente. *Changing for Good: A Revolutionary Six-Stage Program for Overcoming Bad Habits and Moving Your Life Positively Forward*. New York: William Morrow, 1994.

Siegel, Daniel J. *Mindsight: The New Science of Personal Transformation*. New York: Random House, 2010.

Stone, Douglas, Bruce Patton, and Sheila Heen. *Difficult Conversations: How to Discuss What Matters Most*. New York: Viking Penguin, 1999.